# 영유아 자아발달의 이론과 실제

한은숙 저

양성원

# 서 문

자아발달을 공부하면서 내가 얻게 된 첫 번째 유익은 사람에 대한 따뜻한 시선, 즉 내가 이해하지 못하는 사람을 나쁜 사람이라고 단죄하지 않는 것이라 생각하게 되었다. 내가 만나는 사람들의 어린 시절의 상처까지도 소급해주는 시선이라 할 수 있을 것이다. 자아에 대한 이해가 깊어지면서 실로 내가 스스로 나에게 공격했던 에너지… 그 공격성의 방향을 돌리도록 해준다는 사실도 발견하게 된 것은 또 얼마나 소중한 일인가? 우리 모두에게 공격적이고 상처 주었던 타인, 밖으로 공격적인 그 타인은 사실은 그 공격성으로 자기 자신을 향한 상처가 더 큰 것이었음도 알게 되었다.

둘째, 사람이 정상, 비정상이 있다기보다는 내 안에 정상 비정상이 다 있음을 알게 해주는 것이었다. 내안에 울고 있는 자라지 못한 유아가 있어 몸과 마음의 부조화를 통찰할 수 있었다.

셋째, 많은 발달연구에서 구강기를 거친 유아가 그때 산후 우울증의 어머니에게서 양육을 받았다면 후에 성인이 되어 친밀감 형성에 어려움이 있을 수 있다는 것을 알려준다. 그러나 만약 우리가 돌보는 유아들 가운데 친밀감 형성에 어려움을 갖는다거나 애착의 어려움을 보이는 유아가 있을 때 바로 그 유아를 향해 이러한 가설을 연결하는 것의 위험성을 또한 알게 해주었다.

넷째, 유아들의 여러 관찰 가능한 행동, 활동을 보면서 우린 얼마나 모호하고 불확실한지 발달에 관한 이론과 심리를 분명 배우긴 배웠는데, 무어라고 답을 하기 어려운 그러한 상황에 머물러 있어야 할 때가 많다는 것을 인정해야 한다는 것도 배웠다. 교사들 마음에서 일어날 수 있는 생각으로는 그러는 그 시간이 내 자신이 무능하게 느껴져서 유아들의 문제를 무어라고 정의해버리고자 하는 의욕으로 꽉찼던 시간도 기억나게 해준다.

섣부른 발달 공부가 유아 이해의 도식성에 빠뜨리게 할 수 있다는 것, 이러한 것은 유아들의 진짜 어려움이 무엇인지를 알 수 없게 만드는 또 다른 콩깍지가 될 수 있음을 깨닫게 해주었다.

다섯째, 유아들에게 영아기를 거치면서 건강한 과대자기애에 반응해주는 대상이 꼭 필요했었던 삶의 시간들----그런 시간을 갖지 못했던 유아들의 모습, 아니 우리들의 모습에서 자기애적 상처를 묻고 조와 울을 번갈아가며 살아가는 나의 모습을 발견하는 시간이었다.

끝으로 좋은 선생님의 오류는 자신의 교육 속에 유아를 위한 교육을 한다고 하였는데, 사실은 유아가 없고 우리 자신을 위하고 있던 것은 아닌지, 학생과 어린 유아들, 심지어 자신도 모르고 속고 있을 수 있다는 것, 어린 유아들의 통찰을 위해 사용하지 않았던 것, 이러한 상태의 교육은 유아에게 박탈감을 줄 수 있다는 것, 나를 돌아보아 통찰하는 것의 중요성을 알게 해주었다.

발달과 자아발달 정신분석의 흐름을 통해 자신을 비워내고 자신을 돌아보는 통찰은 위와 같은 자기애적 삶으로 내가 쓰는 적정한 수준의 에너지보다 더욱 방어적으로 다른 곳에 에너지를 쓰는 모습일 수 있음을 알게 되었다. 정작 필요한 곳에 에너지 고갈이 될 수밖에 없음 또한 알게 되었으므로….

따뜻한 정서 접촉은 없고 물질적으로 보상해주면서 유아가 자신의 자존감의 도구인 경우 자기애의 어머니, 자기애의 교육자일 수 있음에 경각심을 갖게 되었다.

유아들을 가르치면서 학생들을 가르치면서 유아들의 문제보다 내 문제가 더욱 드러난다는 것을 인식하면 행복한 교사이다.

유아들과 함께 있으면서 오히려 교사의 심리적 장애가 드러나기도 한다.

나에게 일어나는 변화를 내가 알 수 있는가? 그것을 교육에 잘 적용할 수 있는가?

이런 것들이 마음에 밀려올 때 중심 잡고 버텨낼 수 있는가? 밀려오는 문제를 분석할 수 있는가?

유아들의 영악함, 교활함도 발견, 우리가 바라는 유아들에 대한 이미지 재규정, 동심 천사주의의 포장 속에서 전혀 다른 존재로 포장되어 성장이 방해되기도 한다. 유아를 위한 모든 경험과 활동, 삶의 향유가 아닌 지나친 목적 지향적인 스펙과도 같은 것이 되지 않았으면 좋겠다. 돌아보기, 서로 바라보기, 함께 하늘을 보기, 땅을 밟기, 나무에 귀 기울이기, 우리 유아들이 혹 실종된 아동기를 보내면서 가질 수 있는 우리들의 삶의 황폐성, 불모성을 인식하면서 어떻게 살아가야 하는지 자신의 성장을 새롭게 인식하면서 잘삶을 추구하는 존재로의 성장을 기대해보자.

유아들과 함께 지내는 시간과 일과가 마음의 치유가 일어나는 과정이 되기를 소망한다.

치유란 마술이 아니며 치유란 나를 고통스럽게 하는 그 모든 요소들에도 불구하고 그것들과 함께 살아갈 수 있는 힘을 키우는 것이다. 나와 너의 공감은 내가 이해받고 있다는 느낌, 그것으로도 살아갈 힘을 얻게 해준다.

유아들과 나누는 따뜻한 이야기 속에서 삶의 어두운 면들 아니 진실한 것들, 악의 존재, 불안, 공포를 자연스레 만나며 어떻게 자신 속에 있는 이러한 불안한 것들을 통합시키며 선한 의지로, 흔들림도 자라남을 멈추지 않는 것으로 만드는 것이 가능한지, 어른들로부터의 유기 불안, 다른 사람들의 시기심으로 인한 무의식의 공격, 삶의 부정적인 면들을 자기만의 것이 아닌 인생들의 것이라는 사실을 자연스럽게 받아들이고 직면하여 다루도록 해주는 것이 우리와의 만남 속에 교육의 이름으로 행해지는 것들이 되길 소망한다.

우리 사회가 언어적인 수단으로는 그 내용을 알 수 없는 기억 이전의 시간인 영유아기의 중요성을 인지하고 유아를 둘러싼 모든 환경에서 충분히 좋은 환경을 조성할 수 있는 사회적 분위기가 형성되기를 희망한다. 도덕성이나 성품, 인성은 법이나 교육이 아닌 우리의 삶이 시작되는 순간부터 일상에서 생활로 이루어져야만 하는 것이다.

위니콧은 아이를 가장 잘 양육할 수 있는 사람은 '충분히 좋은 보통의 어머니'라고 하며 다음과 같이 말한다.

"실로 유아를 성공적으로 돌볼 수 있는 것은 얼마나 헌신하는가에 달려 있지 어머니의 영리함이나 지적 수준에 달려 있는 것이 아니다. 충분히 좋은 어머니는 유아의 욕구에 거의 완전하게 적응하는 것으로부터 시작해서, 시간이 지나면서 어머니의 실패를 다룰 수 있는 유아의 능력이 성장함에 따라서 점진적으로 덜 완전하게 적응해 가는 어머니이다." 라고….

2017년 1월

경민동산에서 한은숙

# 차 례

Chapter

01

# 영유아기 자아발달

## -영유아기 기억 상자의 회상-

세상에 태어난 어린 아기들은 이제 어머니와 분리 독립하면서 건강한 자아를 개발하고 표현하며 삶을 대응해나가는 패턴들을 배워야 하는 과업이 눈앞에 있다.

### ▣ 구조로서의 자아

마가렛 몰러는 자아란 어린 유아들이 생물학적 기초, 신체적 즐거움, 환경에서의 즐거움, 어머니와의 상호관계 등에서 발달해가며 〈어머니의 양육이 머릿속, 가슴속에 새겨지게 되는 것〉이라고 하였다(Mahler, M., 1975). 자아 개념은 자아의 특징 중 가장 주요한 구조성을 의미하며 자신에 대하여 느끼는 〈자아 지각들의 조직화된 틀〉이라 할 수 있다. 이렇듯 자아란 나라는 존재 그 자체, 내 존재를 인식하는 그것, 자기를 알아가고 이루어가는 실현의 과정에 중심된 역할을 하는 것이라 할 수 있다.

### ▣ 자아에 영향을 주는 환경과 경험

영아들은 양육환경의 다양한 경험을 통해서 서서히 자신이 분리되었고 다른 사람과는 다르며, 특히 자신과 가까이 있는 다른 사람과도 다르다는 것을 알게 된다. 이것이 주변의 많은 사람과의 관계를 통해서 타인에 대한 인식, 기본적인 신뢰감 등을 발달시켜 나갈 기회가 되는 것이다. 이러한 과정에서 어떻게 자신에 대해 느끼는가가 후에 가치감, 소속감 형성에도 영향을 미친다. 그러므로 영아기는 건강한 자아 개념의 발달과 기초 형성을 위한 결정적 시기이다.

### ▣ 자아에 대한 일반적 가정

자아의 이해와 탐구과정은 사람이 생물학적으로 프로그래밍되어 태어나는 것이 아니고 유전적 요소에 환경적 영향으로 변화되고 만들어져가는 존재라는 점에 근거를 두고 있다. 이것은 최근의 신경생리학적 이론이나 실험, 발달심리학의 연구 결과와도 일맥상통하는 내용이 된다. 자아 개념에 관한 세 가지 가정을 살펴보면 다음과 같다.

① 자아 개념은 학습된 것이다.

② 자아 개념은 양육환경의 사회화 과정 내에서 초기에 학습된다.

③ 자아 개념은 행동의 강력한 결정자가 된다.

### ▣ 자아 과정과 발달병리

① 낮은 자존감: 비현실적이며 불안정한 자기 개념을 나타낸다.

② 자아정체감의 혼돈: 자기 연속성의 결여, 자신의 과거, 현재, 미래를 함께 잡아매는 연결의 부족이 나타난다. 정상발달이 늦어지는 결과를 낳는다.

③ 자기 조직화의 혼란: 혼란된 애착이 근원적으로 중요하게 작용한다. 정상발달에서 이탈의 결과를 낳는다.

④ 자아취성: 고정된 방어, 적응력 결여, 장애 앞에서 도전보다는 낙심을 먼저 하는 경향으로 나타난다.

⑤ 자기 조절의 결여: 부모의 가치를 내면화할수록 자기 조절에 잘 적응한다.

이와 같은 자아의 기초 개념을 토대로 영아기로부터 보행기를 거쳐 유아기까지 자아의 변화되는 모습을 찾아가본다.

# 1. 영아기
## -자아정체감으로써의 자아인식 형성기-

출생 직후 힘 없는 어린 아기들은 반사작용에 의존하여 자신을 나타낸다. 눈, 손, 발 등이 제각각 움직인다. 생후 2~3개월에는 점차 눈, 손, 발 등의 협응이 통합된 패터닝의 조직화가 신체운동기능에서 나타나는데, 〈자아 출현〉의 심리적 과정도 이와 비슷한 과정을 거친다. 인간의 생리적, 신체적 출생은 누구나 보아도 뚜렷한 변화를 알 수 있지만 자아의 탄생이라고 하는 심리적 탄생은 시작과 변화를 관찰하기가 쉽지 않다는 특성이 있다.

신생아기와 영아 초기 동안 영아들은 자신에 대한 인식이 없는 듯하다. 즉, 영아는 자기 스스로를 독립적인 존재로 혹은 타인을 독립적인 존재로 보는 능력이 없다. 그러나 영아기를 지나면서 점차 자아 인식이 발달하게 되며, 이러한 자아 인식과 자아 개념이 다른 영역의 발달적 변화에 기초가 된다.

자신의 뜻대로 세계가 움직이지 않는다는 경험이 쌓이면서 세계와 나를 구별하게 되고 그에 따라 자아 의식이 싹튼다. 나의 행동이 환경과 세계에 영향을 미쳐 조그마한 변화가 일어나며 그에 따른 능력감과 더불어 자아 의식이 강화된다.

영아기에 나타나는 가장 특징적인 자아 심리상태는 다음과 같다.

- 전지전능성
- 홈베이스로서의 어머니의 활용
- 다른 사람과 분리되는 능력
- 멀어지고 친밀해지는 능력
- 되돌아올 수 있는 능력
- 어머니와의 놀이를 통한 삶의 연습
- 다른 사람 의존, 독립의 균형

## 1) 시기별 특성

### (1) 1개월

어머니와 하나라는 인식의 공유, 감정의 공유를 통해 주변 환경과 세상이 자신과 어머니의 한 부분이라고 인식하게 된다.

### (2) 2~3개월

① 한 존재라는 인식에서 공유되지 않는 자신만의 영역이 있음을 알기 시작한다.
② 내 뜻대로만 되지 않고 나의 즐거움이 상대방에서부터 유래한다는 상황을 자주 경험하게 되면서 이러한 자신만의 영역에 대한 인식이 생겨난다.
③ 어머니와 자신과는 분리된 존재임을 받아들일 수 있는 기초가 이때부터 시작되는 것이다.
④ 나와 다른 존재 그러나 나와 한 사람이라는 착각을 불러일으킬 만큼 밀착된 존재, 그 존재에 대한 확인으로 아기들은 어머니와 함께 있고 그들과 눈을 마주친다.
⑤ 영아는 어머니의 돌봄이 있어야만 생존할 수 있으므로 자신이 이용할 수 있는 주요한 관계 방식들을 통하여 어머니와 하나가 되려는 노력을 추구한다.
⑥ 대상과의 동일시가 주된 특징이 된다.

### (3) 4개월

① 영아는 자신의 자아가 어머니의 자아와 분리되어 있음을 깨닫기 시작하며, 이로부터 성인과 영아와의 관계가 특수하게 시작된다.
② 대상을 향한 신호로 미소와 울음과 매달리기 등이 왕성해진다.
③ 나의 신체에 본인이 집중하여 어떤 느낌을 얻어 낼 수 있다는 것을 자각한 후 자신의 신체탐색을 활발하게 하기 시작한다.

(4) 4~8개월

① 영아들은 어머니를 물리적 사물로 다루는 것처럼 앞뒤 검사를 하는 듯하다.
② 아직 영아들은 자신을 완전한 독립된 개체로 인식하지 못한다.

(5) 8~15개월

① 영아들은 환경을 탐색하는 데 어머니를 안전한 근거지로 삼는다(연습단계).
② 신체적 분리감의 획득, 자율성의 표현 등은 어머니와의 정서 안정감과 연계되어 있다.
③ 보행기가 되었을 때 자아발달의 과정이 개별화로 완성되는 시기이다.
④ 어머니의 보호와 자극에 힘입어 신체활동능력이 현격하게 발달하게 되는데, 이러한 발달이 새로운 발견의 탐색을 위한 기초능력이 된다.
⑤ 이 시기의 신체적 자아 이미지는 건강한 자아 자긍심의 기초가 된다. 이때 어머니의 양육의 질이 중요하게 발휘되기 시작한다.
⑥ 유아의 신호에 민감한 어머니는 매우 중요한 역할을 수행하는 것인데, 민감함에 따른 반응능력, 어머니 자신의 상상력, 창의력, 자기표현능력은 유아의 자긍심과 관계 있다.
⑦ 자아인식과정의 한 부분이 자아 인지이다(자신의 소리나 모습을 정확하게 동일시하는 능력). 영아의 자아 인지능력을 거울 앞에서 놀이할 때의 모습을 관찰한 것에 기초로 밝힌 바에 따르면 유아들은 거울 속 자신의 이미지를 다른 유아라고 생각하는 단계를 거쳐 15개월쯤에 이르러서 거울 속의 이미지가 자신임을 인지할 수 있게 된다(박수경, 2012).

## 2) 교육에의 적용

양육의 경험, 가정 경험 등은 영아의 사회화에 매우 중요한 영향을 미치므로 영아 양육환경의 질을 고양시키는 것이 관건이 된다.

① 양육자는 영아의 필요에 민감하게 반응해 주며 개별적으로 관심을 기울여 주는 방법을 통해 긍정적 자아 개념과 자아 인식이 발달해 가도록 영아를 도울 수 있다.

② 친절하고 일관된 보호를 제공하는 양육자들이 영아 자신과 타인의 분리를 인식하도록 기본적인 신뢰감을 줄 수 있다.

③ 다양한 놀이 재료는 이러한 개별화를 보다 활발하게 하는 탐색과 조작을 가능하게 해준다. 다양한 거울 종류의 놀잇감은 영아가 신체 이미지를 인식하도록 도울 수 있는 놀잇감이 된다.

자아 개념은 애착과정, 신뢰감발달의 요소와 어우러져 영아가 생후 1년 동안 자라온 양육의 결과이다. 성인의 행동이 영아의 애착과정, 신뢰, 자아 인식을 긍정적으로 이루게 하는데 매우 중요한 요소가 되며 이 시기 영아의 경험은 후속 발달에 중요한 예견이 될 수 있을 것이다. 영아기의 불안정한 애착, 과도한 불신감등으로 자아 인식에 대한 혼란을 겪게 된다면 건강하게 자라나는 데 어려움이 될 수 있을 것이다.

## 2. 보행기
### -자아정체성 기능으로써의 자율감, 자아통제 시작기-

돌이 지나면서부터 의존적이던 영아들이 매우 활동적이고 지칠 줄 모르며 호기심 많은 보행기로 변화한다. 서기와 걷기 같은 신체운동발달이 기초가 되어 탁자를 붙잡고 서서 탁자 위에 있는 것을 볼 수 있게 됨으로써 잡지책 끌어당기기, 화장실에서 변기에 놀잇감 던지기, 보이는 것은 무엇이나 입으로 가져가 탐색한다. 이것을 독립선언, 자립의 징조로 볼 수 있을 것이다.

에릭슨은 이 시기를 자율감의 기초를 획득하는 시기로 보았다. 그러나 이러한 자율감의 부재는 곧 수치, 의심의 발달로 이어질 수 있다. 유아는 걷고 기어오를 수 있는 새로운 성취를 통해서 자부심을 느끼게 된다. 또한, 모든 것을 스스로 하려고 한다. 양육자가 유아발달의 속도와 시간을 인식하고 도움을 주려고 한다면 유아의 근육발달과 아울러 통제감의 발달에 따라 다양한 감각기능을 활성화시킬 수 있다(Hamner & Turner, 1990).

또한, 이 시기의 유아는 "내가 할거야", "내거", "싫어"라는 말을 자주 사용한다. 이러한 표현은 바로 내면의 자율감발달의 한 증거가 될 수 있을 것이다. 유아가 스스로 입고 스스로 먹으려고 할 때 양육자는 무한한 인내가 필요하다. 양육자가 인내하지 않으면 유아는 수치심을 느끼게 되며 유아에 대해 비판적이거나 세심한 돌봄이 결여된다면 유아는 자신의 능력에 대한 신뢰감을 획득하지 못하게 될 것이다.

"싫어"를 반복하는 유아는 자신과 타인이 분리되어 있음을 연습하는 것이라고 보아도 좋을 것이다. 타인이 자신에게 무엇을 기대하는지, 타인이 자기에게 어떻게 반응할 것인지 등을 배우는 것이라 할 수 있는데, 이러한 유아기의 부정적 성향은 자신이 내적으로 강한 동기와 열정을 가지고 있음을 나타내는 것이며, 다른 사람의 방해를 받고 싶지 않다는 방어를 하는 것이기도 하다.

“싫어”라는 것을 양육자에 대한 개인적인 방어나 배척으로 생각해서는 안 되며 자율성을 획득하고자 하는 자발적인 움직임으로 보아야 할 것이다. “네”를 말하기 위해 “아니오”를 배우고 있는 것이다. 거절적 행동을 나타내는 만큼 안정감 있는 유아로 자라날 것을 기대할 수 있다. 그러므로 양육자는 유아의 자기 존중감을 위협함이 없이 건강한 자율감을 발달시켜 가도록 지원하는 것이 매우 중요하다. 이러한 과정에서 유아의 예상치 못한 부정적 행동들이 나타나는 것도 최적의 발달로 가기 위해 필요한 과정으로 이해하며 접근하는 것이 필요하다.

자신이 속한 거대한 세계 속에서 유아들은 자신의 힘이 부족함을 느끼는 듯하다. 독립적이 되어 보려고 노력하는 것이 자신의 환경과 자신을 둘러싼 사람들을 통제하려는 시도로 나타나기도 한다. 이러한 발달특성과 필요는 유아의 자아 개념이 발달되어 가는 증거가 되기도 한다. 그러므로 양육자는 유아 스스로 무엇인가를 해볼 수 있는 기회를 최대한 제공하는 돌봄에 대하여 인식하고 실천할 수 있어야 할 것이다.

## 1) 시기별 특성

### (1) 18~24개월

어머니와의 분리를 받아들이고 분리된 자아 사랑 시기이다.

### (2) 24개월~3세

어머니가 자신과 함께 있으며 자신을 지지해주고 있다고 믿을 때 분리와 독립감이 증가한다. 유아는 자신에 대한 이미지를 갖기 시작하며 건강한 자아 탄생의 주체로 나타난다.

유아에게 있어 가장 큰 두려움은 대상으로부터 분리되는 것과 대상을 상실하는 것이다. 그러나 성장하고 발달하는 과정에서 실제 어머니에 대한 의존적 관계를 포기하고 자신을 어머니에게서 분리된 존재로 경험해야 한다. 이러한 분리와 포기의 과정이 일어나기 위해서는 유아가 자신이 고유한 권리를 가진 한 사람으로서 존재감과 안정감이 심리 내면에 뿌리 내리는 것이 꼭 필요한 일이 된다.

이 시기에 새로 싹이 트는 자아는 고군분투의 시기를 보내게 된다. 건강한 자아도 세상 속에서 〈한 자아〉로 안착하는 일이 쉽지 않음을 느낀다.

이러한 자아를 품어주고 안아주고 힘을 내게 하고 홀로 서게 하고 치유하게 하는 다양한 자아 지원 활동이 가정과 영유아교육기관에서 가장 주요한 교육의 기초로 이루어져야 할 것이다.

아! 유아들이 홀로 서가는 작업은 얼마나 힘들고 어려울 것인가? 아니 또 얼마나 희망찬 움틈인가?

### 2) 교육에의 적용

① "내가 할거야"의 상황을 유아가 스스로를 돕는 기술을 배울 수 있는 기회로 용납하고 인정해 준다. 양육자가 모델을 보여 주고 유아가 필요로 할 때 민감한 도움을 제공해 주어야 한다. 유아에게 유능감을 맛보도록 하면서 격려해 주는 것이 필요하다. 또한, 유아가 스스로 시도하다가 실수하더라도 그것을 용납하는 것이 중요한데, 이것은 유아가 스스로 계속 시도해 보는 것을 배우는 기회가 되기 때문이다.

② 유아들에게 자신이 스스로 결정할 수 있는 적절한 기회를 제공해 주는 것이 필요하다. 다만, 혼란스러울 정도의 많은 기회는 바람직하지 않을 것이다. 특히, 긍정적인 방법으로 선택해 볼 수 있는 기회가 적었던 유아는 자신의 힘을 부정적인 방법으로, 즉 배변훈련이나 음식 먹는 것을 거절하는 등으로 사용하려고 한다. 이것은 양육자와 유아 사이의 힘의 소모만을 불러일으키므로 바람직하게 나아가는 것이 필요하다.

③ 유아의 부정적인 행동을 줄이고 유능감을 향상시킬 수 있는 방법으로 양육자

가 스스로 부정적인 언어를 삼가는 것이다. 양육자가 "안돼"라는 말을 자주 쓰면 유아도 그러한 말을 더 많이 사용하게 될 것이기 때문이다. 다른 유아의 안전을 해치는 위급한 상황인 경우에는 "안돼"와 같은 말이 필요하나 양육자가 지도를 해야 하는 상황에서 하지 말아야 할 것을 말해주기보다는 할 수 있는 것을 말해주는 것이 더 바람직하다.

④ 유아의 환경을 자신의 유능감을 시험해 볼 수 있는 공간으로 마련해 주는 것이 필요하다. 탐색의 공간, 신체표현이 가능한 자료, 이러한 것이 풍요로우면 유아들의 에너지를 건전하게 표출할 수 있을 것이다.

⑤ 보행기의 분리화와 개별화의 과정이 이루어지면서 유아는 세상과의 연대감, 분리감 등이 획득된다. 어머니 특성의 유형에 따라 이 과정이 영향을 받는다. 즉, 의사소통의 능력이 성장하는 것에 기쁨을 느낌으로써 유아와의 접촉이 풍부한 경우가 있을 수 있고, 이와는 대조적으로 유아가 수동적이고 의존적인 것에 기쁨을 느끼는 어머니의 특성이 있을 수 있다. 후자의 경우와 같이 유아와 지나친 감정 공유를 바라는 어머니는 자신의 자녀가 독립성을 나타내 보이려 할 때 강한 상실감을 느끼게 된다. 이러한 경우는 유아의 자율감발달이 순조롭게 이루어지기가 어려울 수 있다.

⑥ 유아들은 개별화 과정에 적응하기 위한 대체 사물들(베개, 곰돌이)에 애착을 형성한다. 안정된 자아감에 도달하기 전 단계에서 애착이 양육자에서부터 사물로 이동하는 현상이다.

⑦ 건강한 자아 인식은 자율감과 함께 발달하며 또래 간의 개인차가 나타난다. 보행기술의 발달에 따른 이동능력이 활발해짐에 따라 자신의 몸을 가지고 무엇을 할 수 있는지를 탐색해 간다. 독립심의 발달은 자신이 무엇을 하기 원함에서 비롯되는데, 원하는 것만큼 자신의 능력이 충족되지 못한 상황에 처할 수밖에 없게 됨을 인식하는 것이 필요하다.

# 3. 유아기
## -자아정체감의 형성기-

심리적 탄생은 긴 마음의 부화기간을 거치는 과정이라고 할 수 있다. 심리적 부화기를 자아 심리학에서는 0~3세까지로 본다. 3세가 지나면서 자아는 자아 내부의 세부 구성요소 간의 통합이 가속화되고 아동기와 청소년 사춘기를 지나면서 자아 주체성, 정체성을 찾아 심리적 자아 독립을 이룰 수 있다. 어린 시기 유아는 작은 조각 부분을 인식하게 되면서부터 점차 이후 전체의 지각능력을 갖게 된다. 자신에 대한 작은 조각으로서의 인식 느낌으로부터 어떻게 자신을 하나의 통합된 전체 자아로서 인식할 수 있는 발달이 이루어지는지 그 과정에 매개되는 메커니즘은 어떤 것들이 있는지 알아보도록 한다.

### 1) 자아정체감의 형성

유아기는 자기 자신에 대한 정체감이 결정적으로 형성되는 시기이다. 그러므로 무엇보다 건강한 자아 개념이 형성되도록 지원하는 일이 중요하다.

많은 연구 결과 자아정체감이 행동 결정의 주요 요인이 됨을 강조하고 있다. 유아기의 행동 특성에서도 높은 자아정체감과 성취도 간에는 정적 상관관계가 있음을 밝히는 연구들이 많이 있다. 자아정체감이 낮은 유아들의 특성은 적응력이 부족할 수 있고 불안, 호기심의 저조, 방어적인 것으로 나타났다. 이렇듯 자아정체감은 사회, 인지, 정서 등 발달의 다른 측면에도 영향을 주며 유아기 이후의 적응과 성취에도 많은 영향을 준다.

자아정체감의 세 가지 구성요소는 다음과 같다.

- 가치감
- 소속감
- 유능감

유아 초기 가족 관계 내에서 자신의 이미지를 발달시켜 간다. 그후 유아 후기에 이르러서는 자기에 대한 특별한 이미지를 갖게 되며 자신의 이미지를 또래들에게 보다 좋게 혹은 나쁘게 바꾸거나 정당화하려는 특성을 보인다.

## 2) 긍정적 자아정체감의 형성-자아 존중감의 특성-

긍정적 자아정체감을 가지고 있는 유아와 부정적 자아정체감을 가지고 있는 유아간에는 어떠한 차이가 있는가?

### ▣ 자아 존중감이 높은 유아의 특성

- 독창적이고 창의적 특성을 보인다.
- 높은 수준의 솔선수범적 행동을 보인다.
- 자발적인 지도력이 뛰어나다.
- 주어진 과제에 주의 집중한다.
- 또래와 상호작용을 하는 상황에서도 수용적인 태도를 보인다.
- 다른 또래와 잘 어울린다.
- 과제에 적극성을 보인다.
- 독립적으로 목표를 설정한다.

자아정체감 수준이 낮은 유아의 특성은 모방적이고 창의성이 부족한 점을 들 수 있다. 또한 자신에게 비난이 올 때 당당하게 그 사실에 직면하기보다 위축되는 경향이 있다. 그룹 활동에 적극적으로 참여하지 않고 자신의 판단에 대해 소신이 부족한 경우가 많다. 남의 눈에 잘 띄지 않는 소극적 행동 특성을 보이며 자신의 의사결정에 자신감이 부족하여 특정 상황에서 쉽게 포기한다. 또한, 교사에 대한 의존도 높게 나타난다.

"잘 못하겠어요. 안 할래요. 내 그림은 바보 같아요."

극놀이 상황에서도 가장(pretend)을 할 때 자신의 의견을 적극적으로 나타내기보다 추종자의 역할이 대부분이다. 몸의 자세가 의자에 의기소침한 상태로 앉아 있거나 머리를 아래로 축 늘어뜨린 상태를 곧잘 보인다.

유아기에 영유아교육기관 교사의 따뜻함과 양육은 학동기 동안의 긍정적 자아개념과 상관이 높음이 연구 결과 나타났다(Eisenberg, 2003). 교사의 수용의 정도, 존중, 민주적 훈육기법 등이 유아의 긍정적 자아감과 연관이 높았다. 반면, 애정결핍, 적절한 보살핌의 부족, 심한 처벌의 경험은 유아의 낮은 자아존중과 관련된다.

교사가 유아의 자아 이미지를 고양시킬 수 있는데, 특별히 존중감은 더욱 그러하다. 한 개인으로서의 유아를 수용하고 가치 있게 인정하는 교사의 일관된 태도가 중요하다.

### 3) 또래와의 관계

① 유아기 동안 또래들은 유아에게 보다 중요한 존재가 된다. 또래에 의해 수용되었던 경험이 중요하다.

② 모든 유아들이 똑같이 또래에 의해 수용되는 것은 아니다. 신체적으로 매력 있는 유아, 우정을 표현하는 유아, 사회기술이 있는 유아들이 또래 간 수용이 높게 나타난다. 또래들과 다르게 행동하는 유아, 반사회적 행동을 자주 보이는 유아, 유능성이 결여된 유아의 경우 수용이 낮게 나타났다(Steinberg & Belsky, 1991).

③ 또래와의 관계에서 비인기아는 다른 유아들이 수용할 수 있도록 교사가 많은

관심과 노력을 기울여야 한다. 특정 유아의 반사회적 행동이 감소하고 공유와 협동하기와 같은 친사회적 행동의 빈도를 증가시킬 수 있는 전략을 계발할 필요가 있다. 예를 들면, 유아 모델링, 유아 상호 간 상호작용 전략 설명하기, 또래 향상에 대한 행동 칭찬하기 등을 학급에서 적용할 수 있다.

④ 유아들은 사회적 비교를 위해서 또래를 준거로 활용한다. 유아가 자신의 내재된 잠재력의 계발을 위해선 성공적으로 자신의 환경과 상호작용하는 능력의 계발이 중요한 조건이 된다.

⑤ 유아들이 다른 또래의 편견에 의해 긍정적 자아 개념 형성에 바람직하지 않은 경험을 할 수 있다. 이때 교사는 유아가 성, 장애 등 사회에 존재하는 편견에 대항할 수 있는 가치와 의식을 가질 수 있도록 지도해야 한다.

⑥ 고정관념 탈피의 중요성, 자신의 문화뿐 아니라 타 문화에 대해서도 이해하고 수용할 수 있는 마음을 가르쳐야 한다.

### 4) 교육에의 적용

① 교사가 유아의 자아 이미지를 고양시키기 위해서는 한 개인으로서 유아를 수용하고 가치 있게 여기는 것이 생활 중에서 전달되어야 한다. 유아의 노력에 대해 격려와 칭찬을 제공하며 치우치지 않는 한계 설정과 신뢰의 유지가 중요한 요소가 된다.

② 개별 유아에 대해 가치감, 소속감, 유능감이 안정적으로 형성될 수 있도록 관심을 기울여야 한다. 또한, 교사들은 유아의 잠재적 역량을 주의 깊게 관찰해야 하고, 그것을 최대화시킬 수 있는 방법으로서 성공 경험이 높은 교육방법과 전략을 구안해야 한다.

③ 교사가 개별 유아의 능력에 적합한 기대를 해야 하는데, 그 기대는 개별 유아마다 다를 수밖에 없을 것이다. 유아교육기관은 유아들이 보다 많은 성공감을 경험하는 곳이어야 한다. 유아들이 노력을 기울이는 과정이 무엇보다 중

요하며 결과와 아울러 과정이 중요함이 전달되는 곳이어야 한다.

④ 유아기는 유아교육기관과 교사에 대한 인상과 개념이 장기적으로 영향을 미치는 시기이다. 이 시기에 유능감을 느껴야 실제 기관에 대한 도전을 이겨내는 힘을 갖게 된다.

⑤ 유아교육기관과 학습이 즐겁고 재미있으며 선생님은 항상 도움을 주는 사람이라는 인식을 갖도록 하는 것이 필요하다.

Chapter 02

# 자아발달과 뇌

# 1. 인간 뇌의 구성

유아는 생애 초기, 환경과의 무수한 경험을 통해 자기의 뇌 안에 기억의 연결구조를 만들어 낸다. 따라서 생애 초기의 부모와의 경험은 뇌의 기본 구조 형성에 결정적인 영향을 미칠 수밖에 없다. 즉, 유아의 뇌는 부모와의 경험이 직접적인 자극이 되어 생애 초기부터 뉴런이라고 부르는 뇌세포와 뇌세포 사이에 연결회로구조를 형성하게 되고, 이렇게 형성된 뇌는 계속적으로 생성과 변형을 거쳐 어떤 사람이 될지를 결정하는 성격과 마음을 규정짓게 된다.

보통 사람의 뇌는 두 번 정도의 성장 시기가 있는데, 영유아기에 1차 성장 시기를 가지고 청소년기에 2차 성장을 시작하여 23~27세경에 완성하게 된다. 이때 가장 중요한 시기는 대부분의 기본적인 구조가 형성되는 영유아기라고 할 수 있을 것이다(이춘재 외 역, 2011).

## 1) 인간의 뇌 구성 -세 개의 하부 뇌-

인간의 뇌는 세 개의 하부 뇌(sub-brains)로 구성되어 있다. 세 하부 뇌는 뇌간, 변연계, 대뇌피질로 이루어졌으며 각각의 뇌의 기능을 살펴보면 다음과 같다.

1973년 미국의 폴 매클린은 '3부 뇌(triune brain)' 가설을 발표했다. 매클린은 도마뱀에서부터 다람쥐에 이르기까지 동물의 행동을 연구하면서 사람의 뇌가 진화과정에서 차례대로 발달한 세 부위로 구성되어 있다는 가설을 발표하였다.

매클린의 가설은 '3부 뇌' 가설로서 뇌의 구조와 기능을 제대로 다 밝혀내진 못했으나 사람의 뇌를 파충류의 뇌, 포유동물의 뇌(변연계), 고등동물의 뇌(대뇌피질) 이렇게 세 부분이 상호연결되어 있음을 밝혔다.

- 뇌기능은 뇌의 세 부분이 다양한 감각요구에 따라 신경회로망으로 연결되며 상호작용하는 데 따라 기능하게 된다.
- 풍부한 감각 자극 경험이 뇌신경 회로망을 활발하고 비옥하게 만든다.
- 출생 후 1년 동안 아기의 뇌(인간의 뇌)는 일련의 특별하고 연속된 변화를 거친다.
- 출생 직후 아기의 뇌는 실제 사용할 수 있는 것보다 많은 1조 개 이상의 신경세포로 연결되어 있다가 세포끼리 경쟁하여 사용되지 않는 신경 연접 부분은 제거, 퇴화된다.

### (1) 뇌간(brain stem)-첫 번째 뇌-

'파충류의 뇌' 또는 '전뇌' 그리고 '본능의 뇌'라고 불리며 해부학적으로는 작은골, 숨골, 뇌간, 시상 등으로 1차 뇌에 해당한다. 생명 조절 중추들이 있다. 이곳에서는 생명을 유지하는 호흡, 맥박, 체온을 담당한다. 갑작스러운 움직임이나 소리에 대해 신속한 반응을 유도하는 놀람 중추도 첫 번째 뇌에 있다. 이 부분은 생존에 필요한 생리기능을 전담하는 부분으로 파충류의 뇌로 본다. 사람이 '뇌사상태'에 빠져도 여전히 작용하는 것은 이 첫 번째 뇌가 살아 있기 때문이다(노혜숙 역, 2009).

### (2) 대뇌 변연계(limbic system) -두 번째 뇌-

첫 번째 뇌를 편안하게 둘러싸고 있는 형태로 감정, 정서적 능력을 가진 포유류의 뇌에 속한다. 포유동물의 가장 주요한 특징은 가족이라는 결집력이 매우 높은 사회집단을 형성하고 가족을 보호하며 돌보는 역할을 수행하는 것인데, 바로 이러한 가족 내에서의 양육과 돌보기는 인간사회를 발전시키는 요체가 되었다. 그리고 이는 변연계를 작동시키는 동물들에게만 가능한 고유한 활동이라고 하겠다. 가족 내에서 있었던 돌봄 기억의 부호화된 정서적 유전자들이 담기게 된다. 만약 변연계 네트워크가 초기에 건강한 정서적 상호작용을 경험했다면 그 네트워크의 유전자들은 유아를 타인과 세상을 향해 성공적인 사랑의 세계로 인도하는 유능한 안내자 역할을 할 것이다(노혜숙 역, 2009).

(3) 대뇌피질(Cerebral cortex) -세 번째 뇌-

3차 뇌를 '고등동물의 뇌' 또는 '후뇌'라고 하여 해부학적으로는 뇌 회백질, 즉 대뇌피질이 3차 뇌에 해당된다. 3차 뇌는 1차 뇌의 환경적 정보와 2차 뇌의 감정적 정보를 통합하여 합리적인 결정을 내리는 기능을 한다.

3차 뇌인 대뇌피질은 말하기, 쓰기, 계획, 추론 등이 가능한 이성적, 논리적 사고를 담당하며 인식, 감각적 경험과 의지, 운동근육의 의식적 조절 또한 수행한다. 대뇌피질의 또 다른 능력으로서 추상화, 상징적 표현, 전략, 계획, 문제해결 등에서도 그 기능을 발휘한다.

세 개의 뇌는 계통과 기능에 있어 서로 다르지만 각각의 뇌는 두개골 속에서 공존하는 이웃과 같이 맞물려 있다. 대뇌피질 전체는 자신의 모태인 변연계의 지속적인 지배를 받는다고 한다.

근육 신경에게 컵을 잡으라고 명령을 내리는 것처럼 변연계의 감정에 명령을 내려 지배할 수는 없다. 어떤 것을 원하도록, 어떤 사람을 사랑하도록, 실망스러운 일에도 만족하도록, 심지어 행복한 순간에 행복하도록 의지가 뜻대로 작동되지 않는다. 의지의 영역이 세 번째 뇌, 대뇌피질의 뇌와 그 기능들에만 국한되어 있기 때문이다(노혜숙 역, 2009).

**감정은 영향을 받을 수는 있지만 명령을 받을 수는 없다.**

4세 이후에는 3차 뇌의 기능이 시작되는데, 기본적인 욕구가 충족될 때 비로소 창의적인 활동을 할 수 있게 된다. 소리 지르기, 몸짓으로 표현하기, 만지고 끌어안기 등 친밀감의 감정적 표현 등을 통하여 1차 뇌와 2차 뇌를 활성화시켜 3개의 뇌가 서로 균형을 이루게 하는 것, 즉 신체적 접촉과 감정표현을 자유롭게 하여 3

개의 뇌가 서로의 균형을 이룰 때 각자 가지고 태어난 능력을 최대한 발휘할 수 있게 된다.

**대뇌피질과 변연계를 이어주는 언어는 불가능한 동시에 강력할 수밖에 없다.**

그러나 현대와 최근의 양육문화는 이성적이고 인지적인 측면만을 중요시하고 있어 그로 인해 3개의 뇌가 불균형을 초래할 수 있으며 그로 인해 각종 질병, 우울증, 정신 이상 등이 생기는 요인으로 작용하게 된다(신의진, 2002).

## 2) 뇌기능세포

### (1) 아미그달라(amygdala)

편도체는 해마 앞쪽에 있는 아몬드 모양의 작은 구조물이다. 영어로 '아미그달라'라고 하는데, 감정을 지배하는 기억 창고이다. 아미그달라는 감정의 뇌를 감싸고 있는 림조직 주변 좌우에 1개씩 2개가 있다. 2차 뇌인 림조직에는 감정과 연결된 즐거움 센터와 고통센터가 있으며 감정을 통제하는 아미그달라가 있다.

① 감각기관으로부터 들어오는 신호를 통해 감정과 연관된 경험이 입력된다. 언어를 습득하기 이전부터 이미 감정적 경험이 뇌에 입력되기 시작한다. 성인이 된 후 이와 유사한 상황을 만나면 말로 표현하진 못하지만 감정이 그대로 나타나게 된다. 대뇌피질이 무슨 일인지 판단하기 이전에 이미 감정을 통제하는 아몬드 모양의 아미그달라가 갑작스럽게 반응하게 된다. 이것은 심리적 상태를 인식하고 보호하는 보초병처럼 개인의 상황과 지각을 하나하나 체크한다. 뇌를 건축학적으로 비유할 때 아미그달라는 위협을 알리는 경보기와 같다(이것은 정신생활에서 마음의 기능이라는 역할이 부여됨을 의미한다). 아미그달

라로 연결된 다른 회로가 노르에피네프린(Neurotransmitter; Norepinephrine)을 방출하여 뇌의 모든 부분을 비상경계로 만든다. 불필요한 움직임을 줄이고 뇌의 박동, 혈압 증가, 깊은 호흡 등을 증가시킨다. 감정에 비상이 걸리면 우리 몸의 오감각을 통해 감각신호가 전달되며 뇌의 정보 통제소인 시상에서 감정을 통제하는 아미그달라로 전달된다.

② 이후 사고의 뇌인 대뇌피질에 전달되어 대상을 확인하고 의미를 분석한다. 해부학적으로 감정 조직은 뇌의 회백질과 독립적으로 아미그달라를 통해서 행동할 수 있다. 우리가 인지하지 못해도 무의식적으로 감정 반응을 할 수 있는 것은 바로 이 때문이다(노혜숙 역, 2009).

### (2) 하이포캠퍼스(hippocampus)

① 감정의 뇌- 링 모양 조직의 하이포캠퍼스

사물을 구분하거나 사물과 감정의 의미를 파악하여 일반적 사실을 알도록 하는 기능을 한다. 자신이 기억한 패턴을 대뇌피질에 보내 지각의 의미를 파악한다. 또한 아미그달라에서 감정 패턴을 전달하여 사물과 감정관계를 파악하는데, 이것은 사물에 따른 감정을 파악하여 선호도 등을 인지할 수 있도록 해준다. 하이포 캠퍼스(속뇌 해마)에서 장기기억을 관장한다.

② 아미그달라의 위험경고

아미그달라가 보내는 감정의 경고는 축적된 것으로의 과거와 현재의 경험이 일치하지 않을 때 일어난다. 감정과 생각 등 어떤 패턴에서 배운 반응들은 유사하기만 해도 아미그달라는 경고 반응을 일으킨다. 유아 시절부터 뇌의 회백질에 하이포캠퍼스가 기억하고 있다가 유사한 정보를 받으면 아미그달라가 감정적인 가치를 결정한다. 유아의 뇌 속에서 아미그달라가 재빨리 성숙하는 것도 이와 관계 있다(신혜숙, 2006).

## 3) 뇌발달의 영역화(lateralization)

### -좌뇌와 우뇌-

사람의 몸에 수직선을 그어 좌우로 나누면 좌우 대칭이 되고 기능은 좌우가 서로 보완적이다. 뇌 역시 마찬가지로 좌뇌와 우뇌의 반쪽 구로 되어 있으며 좌뇌는 몸의 오른쪽 부분의 기능을 조절하고, 우뇌는 몸의 왼쪽 부분의 기능을 조절하도록 신경조직이 연결되어 있다.

좌뇌와 우뇌는 각각 특수한 단일기능을 담당하고 있는데, 대표적으로 좌뇌는 언어기능, 우뇌는 공간기능을 담당한다. 하지만 언어영역, 공간영역이 눈에 띄게 어떤 특정 모양을 하고 있는 것은 아니며, 다만 언어영역, 공간영역 등 특정 공간이 존재한다는 것을 사실화할 뿐이다. 유아기에 좌뇌의 언어영역을 다친 경우 오른쪽 우뇌로 언어기능이 이동하여 어느 정도 보상작용이 이루어지나 성인의 경우에는 이러한 상호 교환, 회복이 불가능하다.

또한, 임신 3개월경에 이미 사람의 뇌에서 신경세포들이 서로 연락을 취하는 소리를 첨단 장치를 통해서 들을 수 있음이 최근의 신경생리학 연구를 통해서 밝혀졌다. 자궁 내 태아의 뇌는 약 6주 정도면 혈관이 뇌 전체에 깔리고 몸체만큼이나 뇌가 커진다. 이때 태아의 뇌는 필요 이상의 수많은 신경세포를 생산하지만 이후 불필요한 것은 제거된다. 살아남은 신경세포들은 새싹이 돋아나는 것처럼 신경 축을 돋아나게 해서 서로 전기 메시지를 보내며 축에서 신경 가지로 연결시켜 신경 연접, 즉 신경과 신경의 연결 부분을 만든다(노혜숙 역, 2009).

#### ▣ 잘못 알고 있는 사실들

- 뇌는 3세까지 발달되므로 낭비할 시간이 없다.
- 우리는 두뇌의 겨우 10%만 사용한다?
- 나는 좌뇌형(left-brain) 인간이고 너는 우뇌형(right-brain) 인간이다.

## ▣ 새로운 사실들

- 뇌발달의 많은 부분이 생애 초기에 이루어지지만 생애 전반에 걸쳐 신경세포는 새로 만들어지며, 소멸되지 않는 신경세포들도 다수 존재한다.
- 연구 결과 뇌는 100% 기능하는 것으로 나타났다.
- 인간은 인지과제를 해결하기 위해 영역별로 다른 기능을 하는 뇌의 전 영역을 통합적으로 사용한다(천은영 외, 2008).

# 2. 양육환경과 뇌발달

유아의 뇌는 모든 자극에 반응할 수 있는 기능을 가지고 태어나고, 수많은 자극에 반응하면서 발달한다. 뇌뿐만 아니라 눈, 코, 입, 귀, 피부 등 자극을 받아들일 감각기능도 가지고 세상에 나온다. 아주 기본적인 하드웨어가 완성된 상태로 인간의 몸에 장착되어 나오지만, 그 하드웨어는 환경과의 상호작용을 통해 몇 단계 더 업그레이드되고 완성된다.

## 1) 뇌와 발달단계

### (1) 태아기

태아기 때 대뇌 편재화가 시작되고 출생 이후에도 계속 진행과정에 있다. 예를 들면, 모든 태아들 중 2/3가량은 자궁 안에서 오른쪽 귀를 바깥쪽으로 향한 채 자리를 잡는다. 이것은 태아의 오른쪽 귀가 유리해지도록 하여 언어 처리에 있어서 좌반구가 전문화됨을 보여 주는 것이라고 여겨진다.

### (2) 신생아 및 영아기

태어난 첫날부터 말하는 소리는 우반구의 대뇌피질보다 좌반구의 대뇌피질에서 더 많은 전기적인 활동을 자극한다. 더욱이 대부분의 신생아들은 등을 대고 누울 때 왼쪽보다는 오른쪽으로 돌아눕는데, 이 신생아들은 나중에 오른손으로 물건을 잡으려는 경향이 있다. 그러므로 2개의 대뇌 반구들은 서로 다른 기능을 하도록 생물학적으로 프로그램화 되어 있으며 출생 시에 이미 '일의 분배'가 시작된 것으로 보인다. 생후 2개월이 되면 유아가 경험하는 불쾌감은 한층 복잡한 감정으로 진화되기 시작한다.

생후 6개월 대뇌피질의 1차 운동영역은 영아 행동의 대부분을 조정하는 수준까지 발달한다. 손바닥 쥐기와 바빈스키 반사와 같은 선천적인 반응들은 이 시기에 대부분 사라지게 되는데, 이는 상부의 뇌 피질 중추가 뇌의 더 원시적인 '피질 하' 영역을 적절하게 통제하고 있음을 나타낸다.

### ■ 감각능력의 발달

#### ① 시각능력

생애 초기에 영아는 다양한 시각적 형태를 구별할 수 있다. 특히, 영아들은 얼굴을 구별할 수 있는 능력을 가지고 태어난다. 뇌는 얼굴인식에 대한 정보를 영아가 갖추게 한다. 예를 들어, 신생아는 눈, 코, 입이 분리되어 그려진 그림보다 전체적 얼굴의 그림을 보는 것을 선호한다. 며칠 이내에 영아는 그들의 어머니의 얼굴을 구별하는 것을 배우게 된다. 얼굴의 초기 인식은 그들이 가장 자주 보는 사람들로 향하는 신생아의 자동적 애착(혹은 각인)으로 진화한다.

#### ② 청각능력

뇌의 듣기 체계는 생애 초기에 부분적으로 발생한다. 신생아는 소리를 구별하고 리듬, 음성톤 등에 민감하다. 3일된 영아는 어머니의 목소리를 낯선 이의 목소리보다 훨씬 더 선호한다.

생후 6개월에는 유아가 언어 구성에 핵심이 되는 모음을 인식할 수 있다. 그러므로 유아가 알아듣지 못한다고 할지라도 많은 말을 들려주는 것이 새로운 어휘를 배우는 과정을 촉진시킬 수 있다. 즉, 유아를 바라보며 많이 반응해주는 것이 매우 중요하다 하겠다.

### ③ 미세 조정능력

6~9개월 시기에 얼굴 안에 개인적 차이를 지각하는 능력이 미세 조정되기 시작한다. 6개월 이하의 영아는 동물을 포함한 모든 종류의 얼굴 변별을 매우 잘한다. 그들은 매우 구별하기 어려운 얼굴도 구별할 수 있다. 그러나 6개월 이후에 이러한 능력은 인간 얼굴 구별능력으로 제한되어 발달한다. 동시에 이 기간에 영아의 능력은 자신의 민족의 언어소리 패턴의 미세한 차이를 인식할 수 있는 능력도 조정된다. 영아들은 점차적으로 그들 자신의 민족의 얼굴과 그들 자신의 언어 변별로 한정되게 된다. 이러한 결과는 다른 사람들을 인식할 때 뇌의 속도와 정확성을 늘려주는 역할을 하며 이러한 미세 조정은 중요한 자극의 빠른 처리를 유용하게 해주는 것이다(천은영, 2008).

### (3) 유아기 및 아동기

뇌는 출생 시에 완전히 전문화되지 않으며 유아기 동안에 특정기능의 수행이 한쪽 대뇌반구에 점점 더 의존해서 일어나게 된다. 예를 들어, 왼손잡이나 오른손잡이를 초기에 알 수 있고 2세경이 되면 상당히 확정되는데, 어느 한쪽 반구의 선호가 나이가 들어감에 따라 더 강해진다. 한 실험에서 학령 전 아동과 청소년들에게 크레용 잡기, 공 차기, 작고 불투명한 병 속 들여다보기, 그리고 귀를 상자에 대고 소리 듣기 등을 시켰다. 유아들은 32%만이 이를 수행하는데, 청소년들은 절반 이상이 위의 네 가지 동작 모두를 수행하는데 몸의 어느 한쪽 부분만을 전적으로 사용함으로써 일관된 반구선호 특징을 나타내 보였다.

미성숙한 뇌는 완전히 전문화되지 않았기 때문에 외상으로 인한 뇌손상이 일어났을 때, 그렇지 않았더라면 퇴화되어 없어져 버렸을 신경회로가 죽어버린 부분의 기능을 대신함으로써 유아의 뇌손상으로부터 빠르게 회복하는 놀라운 능력을 보인다. 뇌손상을 겪는 청소년이나 성인의 경우 상실된 기능의 상당 부분을, 특히 적절한 치료를 통해, 회복함에도 불구하고 이들의 회복은 유아들의 회복만큼 빠르거나 완전하지 않다. 그러므로 인간 뇌의 놀라운 회복력(즉, 가소성)은 대뇌편재화가 완료되기 전인 생애 초기에 가장 왕성함을 알 수 있다.

(4) 청소년기

전두엽 대뇌피질(행동을 계획하고 반응을 선택 혹은 억제하고 감정 조절하며 의사결정하는 것을 책임지는 뇌 영역)은 시냅스 발달 후에 발생하며 시각피질보다 더 길게 가지치기 과정을 겪는다. 이 영역에서의 신경 발달은 청소년기까지 계속되고 청소년기 때 밀도가 쇠퇴하기 시작해서 18세에 이르러서도 완전한 성인수준에는 도달하지 못한다.

## 2) 풍부한 자극 환경의 영향 –신경 회로망의 생성과 제거–

① 시각, 언어, 청각등의 감각자극이 요구하는 신경 회로망은 출생후 감각 자극의 홍수를 받아 작동되기 시작한다.

② 출생 후 일년 동안 뇌는 일련의 특별하고 연속된 변화를 거치는데, 출생 직후의 아기의 뇌는 실제 사용되는 것보다 많은 1조 개 이상의 신경세포로 연결되며 세포끼리 경쟁하여 사용되지 않는 신경 연접 부분은 제거된다. 뇌에서 과도한 신경 연접 부분은 가지치기로 손질되어 10세에 이르면 감정, 사고 패턴이 개별 유아에 따라 독특하게 형성된다. 풍부한 감각 자극은 이러한 뇌 신경회로 발달에 중요한 요인이 되는 것이다.

③ 휴스턴 베일러 의과대학 연구팀은 어머니와 접촉이 적었거나 어머니와 함께하지 않은 유아의 뇌는 같은 나이의 정상 유아보다 20~30% 뇌의 발달이 뒤떨어진다고 보고하고 있다. 동물 실험에서도 유사한 결과를 보였는데, 장난감을 많이 넣어둔 상자에서 자란 쥐가 그렇지 않은 쥐보다 더 복잡한 행동을 보였고 뇌의 신경세포망 신경과 신경의 연접 부분이 25%가 많았다는 연구 결과가 있다. 즉, 풍부한 감각자극 경험이 뇌를 비옥하게 만든 것이다. 이러한 연구 결과는 어머니가 3세 전까지 유아를 안아주고 피부 접촉을 많이 하며 이야기를 나누고 자극 경험을 제공하며 교환하는 것이 얼마나 중요한가를 나

타내주는 결과라 할 수 있다.

④ 베일러 의과대학 페리 교수는 신체적으로 학대받은 유아는 위험에 예민한 뇌를 개발시켜 조그만 위험에도 심장이 뛰고 스트레스, 호르몬이 방출되며 뇌가 위험신호를 불안스럽게 탐색한다고 보고하고 있다. 또한 "경험은 뇌 속에 건축구조처럼 만들어져서 이후의 발달에 영향을 미친다"고도 하였다.

⑤ 신경생리학자들은 뇌의 성장 촉진이 10세경에 끝나며 이후 뇌는 불필요한 신경 연접을 제거하고 경험에 의해 보존되는 것만 보존한다는 견해를 밝히고 있다.

## 3) 정서적으로 안정된 환경

① 유아가 불안을 느끼는 경험이 자주 반복되면 스트레스 호르몬 수치가 높아져 뇌의 해마체에 손상이 일어날 수 있으며 유아의 뇌발달이 방해를 받게 된다.

② 사람이 스트레스를 받으면, 스테로이드라는 호르몬이 분비되어 스트레스에 대처하도록 도와준다. 그러나 스트레스가 오랜 기간 지속되면 계속적으로 분비되는 스트레스 호르몬이 뇌의 일부분에 오히려 독으로 작용하게 된다.

③ 특히, 변연계에 있는 해마체와 편도핵이 스트레스 호르몬에 대단히 취약한 부분이다. 스트레스로 편도핵이 손상되면 총체적인 감정 조절기능에 장애가 생긴다.

④ 편도핵은 감정 조절을 주관하는 주요 기관 중 하나인데, 이 기능에 문제가 생기면 화가 참을 수 없을 정도가 되는 것이다. 별일이 아닌데도 비정상적으로 불안해하고 무서워하며, 참을 수 있는 일인데도 참지 못하고 과민하게 반응한다. 이렇듯 감정 조절이 유독 어려운 경우 어린 시절에 정서적 과잉 반응을 경험했을 가능성이 높다. 즉, 정서적으로 소화하기 어려운 충격적인 경험이 지속적으로 스트레스를 유발해 뇌의 일부가 손상된 것이다. 큰 사건은 그만큼 격렬한 감정의 골을 유아의 두뇌에 새겨놓을 수 있다.

⑤ 아기는 생후 12개월까지는 자극에 대해 주로 오른쪽 뇌가 반응을 수용한다. 이 시기에 아기는 오른쪽 뇌를 활발하게 작동시키면서 아기가 가지고 있는 모든 감각기관, 즉 눈, 코, 귀, 입, 피부의 자극을 통해서 경험을 만들어 낸다.

⑥ 흔히 자극을 외부에서 유입되는 것으로만 인식하지만, 몸속에서 나오는 감각 정보, 즉 배고픔, 불편함, 목마름 등도 외부에서 들어오는 자극과 함께 모두 뇌로 전달된다.

⑦ 이 시기에 필요한 경험은 다섯 가지 기본 감각기관을 충분히 자극받는 것이어야 하며, 동시에 아기의 몸속에서 좋은 느낌이 일어나도록 도와주는 것이어야 한다.

⑧ 어머니가 아기를 안고 젖을 먹이며 눈을 맞추는 것이 다양한 자극이 되어 아기의 우뇌를 작동시키고, 아기의 시각능력을 발달시키는 것이다.

⑨ 아기에 대한 어머니의 행동, 곁에 있어 주기, 품어 주기, 쓰다듬어 주기, 젖 주기는 아기의 뇌를 자극해 좋은 호르몬과 좋은 신경전달물질을 분비시켜 체온을 유지하고 면역력을 키워 주며 몸의 모든 기관을 건강하게 지켜준다. 예를 들어, 어머니가 따스하게 품어주고 아기의 피부를 부드럽게 쓸어주는 스킨십을 많이 해주면 이때의 촉감 정보가 아기의 뇌로 전달되고, 촉감에 의해 자극된 뇌는 신경물질을 분비하고 회로를 형성하게 되는데, 그 신경물질은 또 다른 뇌로 전달되고 다시 회로가 형성되면서 이런 과정이 반복되는 것이다.

⑩ 어머니와의 스킨십을 많이 한 아기는 성인이 되었을 때 면역력이 훨씬 강하다는 연구 결과와 함께 어머니가 잘 품어주지 않았던 아기는 체온이 떨어지고 몸의 정상적인 화학작용이 둔화되어 발달이 늦어지게 됨을 밝히고 있다.

⑪ 충분히 좋은 양육환경은 아기의 오감을 자극해서 아기의 몸이 균형을 유지하면서 건강하게 자랄 수 있도록 도와주는 절대적 조건이 된다. 충분히 좋은 양육환경으로부터 보호와 자극을 받은 아기가 자라서 언어를 배우게 되면, 이 최고의 평형상태를 말로 표현할 수 있게 되고 그것이 기분 좋은 것, 행복한 것임을 인식하게 된다. 이것은 언어능력이 발달하기 전에 그와 같은 상태가

이미 아기의 몸속에 존재하고 있는 것이다. 그런 상태를 만들어 주는 것, 그것은 어머니의 뇌와 아기의 뇌의 공동작업인 셈이다.

## 4) 사회성 뇌 -공감하고 배려하는 능력-

① 네 살 미만의 유아에게는 '남의 마음을 헤아리는 능력'이 아직 발달하지 못했다. 다른 사람의 마음이 어떤지 헤아리고 대응하는 뇌의 기능이 아직 발달하지 않았기 때문이다. 이전에는 내가 생각하는 것이 유일한 사실이라고 여기기 때문에 내가 생각하는 것처럼 다른 사람도 생각한다고 느낀다.

② 네 살 정도가 되어야 남의 마음이 어떤지 이해할 수 있는 능력이 생긴다는 의미는, 생후 첫 3년까지 다른 사람과 어떤 상호작용을 했는지에 따라 '다른 사람의 마음을 읽는 능력', 즉 사회성이 형성됨을 의미한다.

③ 생후 첫 3년 동안 주 양육자와의 경험이 유아 인성의 주요한 부분을 결정하는데, 가장 중요한 내용이 바로 '사회성'이다. 이것을 담당하는 부분이 바로 '사회성 뇌'이다.

④ '사회성 뇌'란 사회생활 속의 대인관계를 주관하는 뇌이다. 즉, 다른 사람의 감정과 의도를 읽고 사람들과 잘 어울리는 능력을 관장하는 것이다. 대인관계의 주요한 구성요소는 다른 사람의 얼굴과 목소리 등을 인지하고 거기에 수반된 감정을 이해하는 것이다. 그것을 통해 상대방의 동기를 파악하여 자신의 행동을 결정하게 되는 것이다.

⑤ 이 기능을 수행하는 뇌의 부위로는 전전두엽(prefrontal lobe)의 일부인 안와전두엽(orbitofrontal lobe)이라는 자리이다. 대뇌의 앞쪽 밑바닥이자 안구(눈)가 들어 있는 안와 위쪽 근처에 해당하는데, 어떤 이유로든 이 부위가 손상되면 감정의 고삐가 풀린 듯한 사람이 된다. 안와전두엽이 망가진 사람들은 기본적인 충동을 조절하지 못한다. 이곳에서 사회적 자극을 인지하여 수반된 감정을 읽고 동기를 파악한 후 적절한 사회적 행동을 하게 하는 것이다.

⑥ 결국 좋은 성격, 바른 인성은 사회성 뇌의 질로 결정된다. 사회성 뇌가 잘 발달했다는 것은 다른 사람을 존중하고, 다른 사람의 마음을 헤아려 배려할 수 있는 따뜻한 감성을 지니고 있다는 뜻이다.

⑦ 어머니가 유아를 존중해 주고, 마음을 헤아려 주며, 따뜻하게 반응해 주어야 유아도 다른 사람을 그렇게 대할 수 있게 된다.

⑧ 사회성 뇌는 3세까지 가장 많이 성장한다. 이때 양질의 영양분, 충분히 좋은 양육환경이 제공되어야만 좋은 사회성 뇌를 갖게 된다.

⑨ 사회성 뇌에 필요한 자극은 사회적 자극, 대인관계에서 오는 자극이다. 유아의 3세 이전의 대인관계는 부모와의 관계가 대부분일 수밖에 없다. 이때 부모가 유아에게 어떤 자극을 주느냐에 따라 이 뇌의 행보가 결정된다. 3세 이전에 부모가 유아와 함께 웃고 즐기고 재미있게 놀아주면, 유아의 사회성 뇌에는 '다른 사람과 있으면 재미있고, 속상한 일이 있으면 서로 얘기해서 풀면 된다'는 경험이 뇌의 회로에 형성된다.

⑩ 부모와 유아 사이에 문제가 있을 때마다 부모가 유아를 야단치거나 윽박질러서 풀게 되면, 유아는 문제가 생길 때마다 합리적인 대화 대신 화를 내거나 야단을 치거나 힘으로 누르는 폭력적인 행동을 할 수밖에 없다.

⑪ 유아는 자기가 생존을 위해 보내는 신호에 즉각적이고도 진실하게 반응해 주기를 원하다. 생애 초기부터 지속적으로 유아에게 민감하게 반응하고 공감해 주면서 부모로부터 자신의 욕구와 느낌이 완전히 이해받고 있다는 느낌을 획득해야만 다른 사람의 마음을 헤아리고 배려하는 사회적 능력을 키울 수 있게 된다.

⑫ 부모에게 이해받지 못하면 유아는 고립감과 소외감을 느끼게 되고, 수치심에 휩싸이면서 부모와 다른 사람에 대한 불안감과 불신을 키우게 된다. 이러한 환경에서 다른 사람에게 공감하고 배려하는 능력을 키운다는 것은 어려운 일이다.

⑬ 부모 자신의 과거 경험, 스스로 만든 규칙 등 특정한 방식에 의존해서 유아가 보낸 신호에 대응하는 것이 아니라, 유아가 보내는 실제 신호에 초점을 맞출

때 유아는 그 어떤 말보다 이해받고 있다는 느낌을 가지고 성숙한 인성으로 발달할 수 있을 것이다.

⑭ 어머니가 건강한 방식으로 아기를 사랑한다면, 즉 아기의 욕구가 우선적으로 배려되고, 실수가 용납되고, 인내가 인색하지 않고, 상처가 효과적으로 치유된다면, 아기는 자기 자신과 타인들에 대해 그와 똑같은 방식으로 관계를 형성한다.

⑮ 적절하지 않은 사랑, 아기에게 필요한 것이 중요하지 않은 사랑, 사랑이 지나쳐서 숨이 막히거나 견딜 수 없을 만큼 무거운 자율성을 주는 사랑은 변연계에 지울 수 없는 상처를 남긴다. 그리고 그 결과는 유아의 고통과 가정과 사회의 고통으로까지 연결될 수밖에 없다(노혜숙 역, 2009).

## 5) 어머니와의 상호작용

① 유아의 뇌에 영향을 주는 외부 자극은 바로 어머니와의 상호작용이다. 따라서 어떠한 상호작용을 했느냐에 따라 유아의 뇌는 그쪽으로 발달할 수밖에 없다.

② 뇌가 가장 많이 성장하는 생후 첫 12개월은 풍부하고 기분 좋은 자극이 절대적으로 필요한 '민감한 시기'이다. 이 시기 어머니가 아기가 원할 때마다 흡족하게 놀아주면 아기의 준비된 모든 뇌세포와 감각기관의 신경들이 활성화되면서 두뇌에 거미줄 같은 회로를 만들어 낸다. 그렇기 때문에 어떤 양육환경에서 어떤 경험을 했느냐가 생물학적으로도 뇌의 구조를 결정하는데 중요한 역할을 하는 것이다.

③ 대인관계에 영향을 미치는 뇌의 회로는 3세 무렵까지 큰 틀이 완성된다. 다른 사람에 대해서 어떻게 느끼고 행동하느냐가 이 기간 동안에 결정되는데, 이때까지 유아의 기본적인 성격이 완성된다고 볼 수 있다.

④ 세 살까지는 되도록 주 양육자가 바뀌지 않는 것이 좋다. 어쩔 수 없이 바뀌

게 될 때 유아는 상실감으로 우울해지거나 공격적으로 변할 수 있으며, 심한 불안을 느끼게 된다.

### 6) 교육에의 적용

① 어머니는 유아와 열심히 놀아주어야 한다.
모든 감각기관을 정상적으로 가지고 태어났다 하더라도 어머니가 눈을 맞춰주지 않고, 이름을 불러주지 않고, 품고 쓰다듬어주지 않는다면 건강한 기관이라도 제대로 성장하지 못하고 시들해지게 마련이다.

② 변연계나 기저핵처럼 뇌 안쪽 깊숙한 곳에 있는 이 부분은 미소, 항상 웃는 얼굴로 대해주는 것, 그 다음에 호기심을 만족하게 해주어야 잘 발달한다. 유아들이 두 돌만 지나도 자기 주장이 강해져서 집어던지고 드러누워 있곤 하는데, 이것은 그때 유아들은 억제 기능을 담당하는 뇌 바깥 부위가 아직 덜 발달하였기 때문이다.

③ 억제기능 부분은 3세 미만, 호기심과 정서적 욕구를 채워주어야 변연계와 기저핵이 충분히 발달을 하며 이후 전두엽이 발달한다. 4세 유아가 유치원 규칙을 지키는 등 성숙이 눈에 띄게 다르게 나타남을 알 수 있다. 유아기의 잘못된 학습에 대한 강조는 변연계의 과잉 활성화로 스트레스 호르몬이 방출되며 이로 인해 뇌 부분이 나쁘게 변할 수 있다.

④ 유아가 쉬고 싶어 할 때는 편하게 쉴 수 있도록 도와주어야 한다. 어머니로부터 좋은 자극, 풍부한 자극을 받은 유아는 신체의 모든 기관이 놀라울 정도로 발달하며, 그 모든 경험이 뇌에 기억으로 남아 이후 감정이 풍부한 유아, 다른 사람들과 잘 어울리는 유아, 머리가 좋은 유아로 성장할 수 있다.

⑤ 뇌발달에 있어서 유아의 성장과정에서 세 살까지는 매우 중요한 시기이다. 유아의 뇌가 전 생애에 걸쳐 가장 폭발적으로 성장하는 시기이기 때문이다(신의진, 2002).

Chapter

03

# 초기 프로이트 이론과 유아교육

## -닫힌 의식을 열린 의식화하기-

영유아교사에게 중요한 과제가 많이 있지만 그중에서도 영유아 인성 형성 및 자아발달에 미치는 다양한 영향력을 밝힌 이론을 깊이 탐색하고 그에 따른 영유아교육의 기본 관점을 자기 것으로 소화한 후 교육현장에 임하여 그 역할을 수행하는 일일 것이다.

유아를 위한 돌봄 상황에서 유아교사의 자질로서 필요한 모성적 돌봄-어머니가 유아에게 적응하여 유아의 특별하고도 발달해 가는 욕구에 부응하는 어머니의 자질-이란 어떤 요소를 담고 있는지 세밀하게 들여다보고자 한다. 유아가 절대적 의존의 상태로부터 상대적 의존기를 거쳐 독립으로 나가는 여정에 환경으로써의 돌봄의 요소는 절대적이라고 말할 수 있을 것이다.

유아의 실제적인 신체의 무능은 유아의 신체적·정서적 성장의 필수요건인 '촉진적 환경' 또는 '유아와 함께 단일체를 이루는 모성적 돌봄'에 의존한다는 것을 의미한다. 인간의 핵심에 놓여 있는 타고난 잠재력도 적절한 환경에서의 돌봄이 제공되지 않는다면 아마도 실현될 수 없을 것이다. 가장 적합한 유아 돌봄의 요소를 살펴보기 전 유아 돌봄에 부정적인 형태는 무엇이라고 할 수 있을까?

'방임'이라고 할 수 있을 것이다. '방임'은 안정적인 애착 형성에 방해요인으로 작용하여 평생에 걸쳐 건강, 영양, 교육, 사회화 및 심리·정서적 발달에 장애를 가져오며 이는 성격발달, 행동상의 문제를 야기하여 방임을 경험한 이후라고 하더라도 성인기로 이어져 성인의 비행과 범죄의 주요한 원인으로 작용함을 깊이 인식할 필요가 있다.

그 동안 영유아 연구에서 영유아기 이후 아동기를 거쳐 청소년 문제의 배후에는 순조롭지 못한 영유아기로부터 시작된 '부모 및 양육자와의 관계 경험'이 있음을 밝히고 있다. 따라서 양육자들이 영유아의 자아와 인성이 형성되는 과정에 대해 좀 더 깊이 있게 이해할 수 있다면 유아들이 살아가면서 겪게 되는 이와 같은 커다란 고통은 조금이라도 예방할 수 있을 것이다.

**아기가 태어나서 최초로 어머니의 돌봄이 온전한 본능적 모성에 따라 이루어지는 상황이 아기의 자아 인성에 어떠한 영향으로 나타나는지 살펴보자.**

어머니는 출산 전후 몇 개월 동안 아기에 대해 전적으로 몰두하면서 아기에게 자신을 맞추어 아기에게 세상을 가져다주는 역할 앞에 놓이게 된다.

아기들이 자신을 통합하기 위해서 자신의 조각들을 모아줄 환경을 제공받는다는 것이 매우 중요치 않게 여겨진다면 자기를 통합하지 못한 채 삶을 시작해야 한다. 그러므로 아기가 자신의 요구에 맞는 대상을 불러낼 때 헌신적인 어머니가 아기가 원하는 대상을 제공할 때 아기는 자신이 그 대상을 창조하였다고 믿게 되는 것이다. 아기가 계속해서 환상 속에서 무언가를 원하고 그의 어머니가 그것을 제공하게 된다면 아기가 환상 속에서 불러내는 내용은 점점 더 현실의 세계와 비슷해지는 것이다. 여기에서 아기는 자신을 전능한 존재로, 모든 창조의 원천으로 경험한다.

여기에서 나타나는 전능성이 견고하고 건강한 자기 발달의 기초가 되는 것이다. 이처럼 아기가 전능성을 충분히 경험하기 위해서는 어머니의 일차적인 모성적 몰두, 다시 말해 아기의 욕구에 공감해주는 것과 적절한 순간에 반응해주는 것이 매우 중요하다.

즉, 어머니가 아기에게 완벽한 환경을 제공해주어야 하며 이것은 구체적으로 모성에 몰두함으로써 아기의 욕구나 몸짓을 매우 정확하게 이해하는 것을 말한다.

만약 어머니가 아기의 몸짓과 욕구를 실현시켜주지 못한다면, 자신이 전능하다는 환각은 깨지면서 아기는 자신의 창조성과 능력을 믿지 못하고, 일차적인 정신과 신체 사이에 분열을 경험하게 된다.

이와 같은 인생의 시작기의 영아기, 유아기에 건강한 자아 인성발달을 지원하는 모성적 돌봄의 다양한 요소가 어떻게 환경으로서 작동하는지 살펴보고 좀 더 나아가 이를 뒷받침하는 자아발달의 여러 이론으로부터 돌봄의 근거를 제시하고자 한다.

**| 표 3-1 | 자아발달 이론의 두 계보**

| 대상 관계 이론 | | | 정신분석/자아 심리학<br>자기심리학 |
|---|---|---|---|
| 대상의 추구 | | | 즐거움의 추구 |
| ⬇ | | | ⬇ |
| 클라인 | 1882-1960 | 1856-1939 | 프로이트 |
| ⬇ | | | ⬇ |
| 페어베언 | 1889-1964 | 1895-1982 | 안나 프로이트 |
| ⬇ | | | ⬇ |
| 위니콧 | 1896-1971 | 1894-1970 | 하트만 |
| ⬇ | | | ⬇ |
| 보울비 | 1907-1990 | 1887-1974 | 스피츠 |
| | | | ⬇ |
| | | 1897-1978 | 자콥슨 |
| | | | ⬇ |
| | | 1897-1985 | 말러 |
| | | | ⬇ |
| | | 1913-1981 | 코호트 |
| ⬆ | | | ⬆ |
| 유럽적 전통 | | | 미국적 전통 |

# 1. 닫힌 의식을 열린 의식화하기

정신분석이론은 프로이트에 의해 기초가 놓여졌으며 이후 욕동 심리학, 자아 심리학으로 변화하면서 인간 이해의 가장 영향력 있는 이론으로 자리매김되었다.

## 1) 프로이트의 자아 심리학

### (1) 초기 기억이론과 무의식(닫힌 의식)

프로이트는 임상에서 만난 사람들에게 자유 연상법을 적용하여 치료를 하였다. 프로이트는 유아들이 어떤 중대한 기억이 떠오를 때 이것을 기억하고 싶지 않아 뒤로 미루는 저항현상, 혹은 자기가 의식하고 싶지 않은 불쾌한 기억을 억압하는 현상을 관찰하게 되었는데, 이러한 모든 정신의 내용과 과정의 총합이 결국에는 자기 내부에서 의식되지 못하게 하는 것을 무의식(닫힌 의식), 무의식현상이라고 보았다(김진, 2006).

### (2) 무의식의 구성

무의식이란 인간이 스스로 의식하지 못하지만(기억하지 못하지만) 현재적 인간의 삶의 모든 정신적 내용과 과정의 총합 그리고 선험적 보편성(본성)이 해당되는 것이다.

의식하지 못하는 모든 정신의 내용과 과정의 총합으로서 뿐 아니라 어떤 힘이 있어 의식되지 못하게 한다면 그 메커니즘이 무엇인가를 탐구하는 것에서 역동성이 중요하게 된다. 그러나 프로이트는 무의식의 '밖의 힘'을 명확하게 존재로 인식하진 않았다.

### (3) 무의식의 의식화(열린 의식화) 필요성

무의식은 의식하지 못하는 모든 정신적 내용과 과정의 총합의 흐름으로 어떤 힘에 의해 의식되지 못하는 것을 의미한다. 이때 그 힘은 나의 힘이 아니므로 의식하지 못한 것이 내 책임이 아니라는 암묵이 허용될 수 있어서 무의식이 책임 회피의 변명장치로 작용하기도 한다. 이것은 인간의 정신은 의지적 노력이 없이는 의식화되기 어렵고 자기 안의 영역이지만 전혀 다룰 수 없는 의식의 한 덩어리를 안고 살아갈 수 있음을 의미한다. 무의식의 열린 의식화의 노력은 자신의 내적 세계에 보다 집중하여 자아 변화를 이끌 수 있는 한 계기를 제공하기도 한다.

### (4) 고착의 문제

- 무의식은 유아기의 욕구(리비도)의 잔재, 이 잔재들이 무의식 안에 억압된 상태로 있으며 각 발달단계에서 리비도의 만족이 곤란하게 되어 욕구좌절이 생기며 이로 인한 퇴행이 자아 발달에 영향을 미친다고 보았다. 예를 들어, 영아가 구강기 욕구가 좌절되면 전 생애를 통해 그 욕구를 충족시키기 위해 손톱을 물어뜯거나 지독하게 비판적인 성격을 보이기도 한다.
- 구강기 욕구가 과잉되어서 그 쾌락을 단념하지 못하고 다음 단계로 넘어가지 못하게 되는데, 이때도 고착현상이 일어나 평생을 이 단계에서 머무르려는 욕구 때문에 강박적인 대식가나 흡연가가 될 수 있다. 이러한 고착이 언어발달과정에서도 나타나는 현상으로서 유아기 구어를 성인이 되어서도 벗어나지 못하는 현상으로 설명할 수 있다.
- 고착이란 퇴행이 그때까지의 발달단계의 어디까지 되돌아가느냐를 결정하는 요인이다. 즉, 특정한 발달단계에 특히 강력한 리비도 만족--과잉충족--으로의 집착이 일어나면, 일단 다음 단계로의 발달이 성립되었어도 그 고착

점으로의 퇴행이 일어나기 쉽다. 이와 같은 고착점의 형성조건으로 과잉만족, 극단적인 불만족--과잉결핍--의 양자를 들 수 있다.

- 심리성격발달의 어느 단계에서나 고착이 일어날 수 있으며 유아가 특정단계에서 추구하는 욕구가 과소 충족되거나 과잉 충족되었을 때 일어난다.
- 억압된 비이성적 충동들이 동기화되어 나타나면 그 내용을 깨달을 수 없고 조절될 수도 없는 정신분석을 요구하게 되는 상황이라 할 수 있으며 이때에는 의식수준의 이성적 치료로는 효과를 거둘 수 없다.

**| 표 3-2 | 프로이트의 정신분석이론**

이론 속으로

**■ 정신분석이론(욕동 심리학)**

정신분석이론은 프로이트에 의해 기초가 놓여졌으며 이후 욕동 심리학, 자아 심리학으로 변화하면서 인간 이해의 가장 영향력 있는 이론으로 자리매김되었다(이무석 2006).

**■ 프로이트(Freud Sigmund, 1856~1939)**

- 프로이트 정신분석이론의 핵심은 지형이론(의식의 구조로 의식, 전의식, 무의식)과 구조이론(성격의 구조로 원초아, 자아, 초자아)이다.
- 프로이트는 모든 신경증과 성격구조를 형성하는 근원을 오이디푸스 갈등이라고 생각하였다. 그 결과 어머니의 중요성보다는 아버지 역할을 강조하였으며 오이디푸스 갈등이 생겨나는 3세 이전의 시기에 대한 연구는 거의 이루어지지 못했다(김진, 2006).

| 연구과정 | |
|---|---|
| ① 프로이트 연구 초기-생리학과 신경학 주류 | • 생리학의 영향<br>프로이트는 비엔나 의과대학 졸업(1876~1882) 후 브뤼케(Brucke) 생리학 연구소에서 일을 하게 되면서 이때 인간의 정신 상황과 현상을 엄격하고 실증적, 과학적인 방법으로 연 |

| | |
|---|---|
| | 구할 수 있어야 함을 체득하는 계기가 되었다.<br>• 생리학에서 질을 논하다-정신의 심리학적 배경 구축<br>프로이트는 홈볼츠의 영향으로 인간의 심리에 접근하는 실증 과학이 기계적인 양적 특성으로서의 내용으로만 채워지지 않으며 주관적 인식처럼 현상학적 방식으로 바라보아야 질이 나타날 수 있다는 배경을 받아들이게 된다. 이러한 영향으로 이상적 심리학이란 자아 양상이 양과 질로 다 설명될 수 있어야 한다고 하였다. |
| ② 진화론 주류 | • 이 시대 풍미하게 된 진화론적 사고-모든 자연현상을 생리, 화학, 기계론적 원리로 설명할 수 있다는-를 받아들이게 된다.<br>• 19세기 팽배한 이러한 인식의 큰 흐름들은 정신의 현상 또한 자연적, 진화적 이유로 상황에 적응하는 것이며 이에 따른 목적론적 사고는 배제되는 결과를 낳게 되었다.<br>• 프로이트는 정신기제현상을 심리상태에서 생성된 에너지, 방출되는 에너지, 소모되는 에너지 등으로 체계화하였는데, 이것은 물리학의 원리를 빌어 설명한 결과라 할 수 있다. |
| ③ 마음(정신) 자아에서 무의식의 포착 | • 프로이트는 의식에서 통제되지 않는 무의식의 세계를 실제로 접하게 되는 기회를 갖게 되는데, 이때가 1885년 파리 살페트리에르 병원의 샤르코(Charcot) 신경병리학과 만나면서 최면과 암시로 히스테리를 다루는 상황을 접하고 나서이다.<br>• 샤르코의 신경병리학을 통해서 정신의 장애가 생리 화학적 기원과 기초가 아닌 〈심리〉 그 자체가 심적 기원을 가질 수 있다는 점, 심리기능들 간의 해체, 해리 등이 있을 수 있다는 생각이 자리 잡게 되었다.<br>• 1890년대 최면치료의 수정과 카타르시스 방법의 접목이 이루어졌는데, 브로이어(Breuer)식의 카타르시스 방법을 Emmy von N 의 치료에 사용하기 시작 하였으며 1892년 Elizabeth von R 에게 압박 기법의 사용 등 다양한 치료 기법(자유연상기법)을 적용해보았다. |
| ④ 프로이트 자신의 병원 개원과 임상의 기회 | • 1886년 자신의 신경 병리 병원의 개원, 신경성 환자를 만나면서 많은 임상 경험을 갖게 된다. |
| ⑤ 자유 연상 기법의 적용 | • 1890년대 최면치료의 수정과 카타르시스 방법의 접목이 이루어졌는데, 브로이어식의 카타르시스 방법을 에미 폰 N(Emmy von N.)의 치료에 사용하기 시작하였으며 1892년 |

| | |
|---|---|
| | 엘리자베스 폰 R(Elizabeth von R.)에게 압박기법의 사용 등 다양한 치료기법(자유연상기법)을 적용해보았다. |
| ⑥ 1890년대의 실질 신경증과 정신 신경증의 구분 | • 실질 신경증과 정신 신경증의 분류를 하게 되는데, 실질 신경증이란 성적 에너지의 리비도가 해로울 정도로 쌓여서 생긴 증상으로서 불안과 신경쇠약이 있다고 보았으며 정신 신경증은 히스테리아와 강박 신경증 등이 포함된다는 것을 정리해내었다. |
| ⑦ 정신분석 용어 최초 사용 | • 1896년 프로이트의 나이 40세에 정신분석 매진, 무의식이라는 용어의 사용과 함께 정신의 분석이라는 용어를 사용하기 시작하였다.<br>• 프로이트의 최초의 정신분석 저서는 히스테리아에 대한 연구가 최초의 정신분석학 책이라 할 수 있다. 말을 하면서 감정적 발산이 이루어지고 이것이 치료 효과를 가지게 되는 talking cure기법을 소개하고 있다.<br>• 히스테리의 원인은 의식에서 병적인 기억과 감정의 해리가 일어나는데, 이것이 의식, 자아의 변환을 가지고 오게 하며 기억의 내용이 고통스럽고 난처하여 받아들일 수 없는 것일 때 자아 의식 내에서 양립이 어려우므로 의식 내에서 차단되고 통제를 벗어난 상태로 있다가 어느 순간 그것에 감정이 덧입혀졌을 때 히스테리적 증상이 나타나는 것이라고 보았다. 과연 무엇이 히스테리아적 억압의 내용이 될 수 있을까를 주요 분석의 초점으로 삼았다. |
| ⑧ 자신에 대한 자기 분석 | • 1986년 프로이트의 아버지 사망 이후로 철저한 자기 분석을 하였다. 자신의 정신 내에서 어린 시절 바깥 경험으로서의 성적 유혹이 없었으면서도 발견되는 신경증적 증상은 실상은 실제 사건의 경험 유무가 아닌 사람들 내부에 내재된 환상과 소망의 산물일 수 있음을 궁금해 하였다.<br>• 프로이트의 자신을 향한 정신분석의 결과 기존에 성적 유혹과 저항의 패러다임으로 설명했던 신경증 원인에 대한 변화는 정신분석에서 매우 중요한 변화라 할 수 있다.<br>• 초기 프로이트의 정신분석의 출발이 되었던 성적 유혹이란 개념에서는 방어의 주체가 원시적 상태의 초기 자아를 의미하는 것이며 프로이트 후기의 인간의식 내부 성욕설은 처음부터 자신이 의식하지 못하는 무의식, 억압하는 심리적 힘, 기능이 있음을 의미하는 것이 된다. |

| | |
|---|---|
| | • 이러한 초기 외부적, 성적 유혹에서 내부적 성욕설로의 변화는 억압의 내용이 무엇이었는가에서 억압하는 것이 무엇인가, 억압의 과정이 무엇인가로 분석의 내용이 변화되는 계기가 되었다. |
| ⑨ 내부 욕동을 설명하는 지형학적 마음이론의 구축 | • 사람의 마음은 의식, 무의식 전의식으로 구성된다. 무의식은 3가지 각도에서 다루어질 수 있는데, 기술적으로는 무의식의 내용은 의식에서 인식할 수 없다는 것이고 역동적으로는 무의식 내용과 과정은 억압되고 검열된다는 것인데 무의식이 드러나면 불안과 불쾌감이 나타나기 때문이다.<br>• 정신기제적 측면에서는 무의식은 쾌락원리, 1차 과정논리를 따른다는 것이다. |

**| 표 3-3 | 프로이트와 대상관계이론**

| 개 념 | 프로이트 | 대상관계이론 |
|---|---|---|
| | 한 사람의 심리학 | 관계 속의 심리학 |
| ① 발달의 중요성 | • 생물학적 요소인 충동에 의한 발달<br>• 개인 내적 심리과정 중시 | • 초기관계, 부모관계의 질<br>• 관계 형성, 교류 중시 |
| ② 정신분석의 기능 | • 신경증 치료이론, 기법 | • 정신증 치료까지 확대 |
| ③ 오이디푸스 이전 시기에 대한 관심 | • 오이디푸스 갈등 이전 시기에 대한 이해 빈약 | • 초기 심리 형성과정, 오이디푸스 갈등 이전 시기에 대한 이해 제공 |

## 2. 교육에의 적용

- 발달을 지원하고 지켜봐주는 사람으로서의 부모와 교사의 역할은 유아의 심층심리가 투사되는 텅 빈 스크린의 역할을 해주는 것이 닫힌 의식을 의식화로 통합하는 장을 마련해주는 것이 된다.
- 유아들을 이끄는 교사들도 내면의 닫힌 의식과 만나는 자기 성찰의 시간이 필요함을 기억한다. 즉, 자기 성찰의 계기가 되는 때는 외부의 자극에 따라 내면에서 격한 감정이 올라올 때임을 아는 것이 도움이 될 수 있다(늘 화가 난다면 무의식에 '화내는 아이', 늘 의존할 대상을 찾아다니면서도 내면에 '엄마가 필요한 아이'가 있음을 알게 되는 것).
- 분노나 의존성을 알아차릴 열린 자아, 성숙한 자아가 없다면 그냥 닫힌 의식 그 자체의 상태로 반응하여 관계나 상황을 악화시킬 수 있다.
- 열린 의식이 닫힌 의식의 소리를 알아차릴 수 있도록 닫힌 의식과 열린 의식을 분리해서 인식하고자 하는 노력이 필요하다.

Chapter 04

# 후기 프로이트 이론과 유아교육

## -이드(id)의 표현 수용하기, 함께 놀이하기-

# 1. 이드(id)의 표현 수용하기

## 1) 프로이트의 초기 자아 심리학

프로이트는 1885년, 파리의 연수생활, 1886년부터 시작된 정신과 의사로서 임상을 통하여 만난 사람들에게서 나타나는 신경증에는 무의식적 의미가 많이 작용하고 자아의 의식되지 않는 영역이라 할 수 있는 〈무의식〉이 자아에 심대한 영향을 끼치고 있다는 점에 주목하며 자아를 탐색하기 시작하였다(이무석 2006).

프로이트 초기 자아 심리학에서 강조한 점은 두 가지로 요약할 수 있는데, 첫째, 감정, 사고, 의지 중 어느 것이든 우리 정신생활의 더 많은 부분을 차지하는 것은 무의식의 본능 이드(id)라는 사실과 둘째, 넓은 의미의 무의식의 본능 이드(id)는 정신질환의 잠재적 원인으로 뿐만 아니라 예술적, 창조의 원동력으로도 지극히 중요하다고 밝힌 것이다.

그러나 불안정한 상태이며 억누를 수 없는 충족되지 못한 본능적 이드(id)가 사회적으로 바람직한 특성으로 조절되면서 표현될 수 없다면 그것은 정신질환과 장애로 돌아올 수 있음 또한 밝히고 있다.

성에 대한 사회적 관습, 정신질환에 대한 이해, 예술과 문학에 대한 인식과 관련한 그의 연구들이 설득력 있는 구체적 논거를 제시하지 못하여 비판을 받아왔으나 사회와 인간관계에 막대한 영향력은 어쩔 수 없는 현상으로 자리 잡게 되었다.

**| 표 4-1 | 프로이트의 초기 자아 심리학**

| 개념 | 내용 |
|---|---|
| ① 자아 내에서 이드의 충족 | • 심리구조로서의 자아개념이 도입되면서 분석치료이론에도 변화가 생겼다. 무의식과 의식의 지형학적 이론에서는 무의식의 의식화라는 것이 주요한 치료기법이었으나 구조이론에서는 원본능과 자아 사이의 갈등으로 이해되고 자아가 치료이론에 포함되게 되었다.<br>"이드가 있는 곳에 자아가 있게 하라." |
| ② 이드의 방치가 자아의 왜곡 결과 | • 프로이트는 자아 왜곡의 신경증이 개인의 욕구와 그것을 의식하지 않으려는 억압과의 갈등 때문에 생긴 것으로 보았으며 자아의 왜곡, 이상발달은 유전적 특성과 함께 유아기 어머니와의 관계에서 경험된 일정한 체험이 결정적 역할을 하는 것으로 보았다.<br>• 자아의 특성으로서 자아의 현실을 따르려는 원리, 통합적이고 종합적인 기능, 보조적 지각과정, 기억작용, 사고작용, 방어기제 등으로 설명할 수 있다. |
| ③ 지형이론의 수정과 구조이론의 제시 | • 지형이론은 인간의 마음을 의식, 무의식, 전의식으로 나눈 것이며 구조이론은 인간의 심리기능을 원본능, 자아, 초자아의 세 구조로 설명하는 것이다.<br>• 구조이론 속에서 기능들 간의 갈등이 불안을 촉발한다는 것이다. 이전의 불안은 견딜 수 없는 욕동들과 연관된 생각들이 불안을 유발한다는 것에서 다소 달라진 양상인 것이다.<br>• 이전의 지형이론에서는 무의식의 의식화가 주요한 치료 메커니즘이었으며 구조이론에서는 자아의 기능 강화로 이드가 있는 곳에 자아가 있게 하라라는 것으로 이드의 요동치는 것을 관장하는 자아의 헤아림의 역량을 강화시킬 수 있는 방법을 강조하고 있다.<br>• 자아: 자아는 이드와 초자아 속에서 긴장하고 시달림 속에서 불안을 느낀다. 이때 느끼는 불안은 현실불안과 양심불안으로 분류될 수 있다. 건강한 자아의 출현과 발달은 원초아와 초자아의 긴장 속에서 자아가 균형을 가지고 이드와 슈퍼이드를 자아의 통제영역 안으로 넓히고 확장해 가는 것과 연관이 있다고 할 수 있다. 자아가 영역 확장이 이루어지지 않은 만큼을 프로이트의 용어로 설명한다면 신경증의 증후를 나타내 보일 수 있는 것이다. 지향해야 할 자아와 현재의 자아 사이의 괴리가 클수록 건강한 자아가 될 확률은 희박하기 때문이다.<br>• 이드: 욕동으로부터 나오는 에너지에 의해서 충만되어 있고 욕구를 만족시키고자 하는 움직임밖에 없는 실체, 이드란 리비도의 저수지와도 같은 곳으로 볼 수 있을 것이다. 이드 안에는 어떠한 조직도 가지고 있지 않으며 논리적 사고 법칙 등은 통용되지 않는다. 시간과 공간의 개념도 해당되지 않는다. 프로이트의 자아이론에서는 이드를 무의식과 거의 같은 |

| | |
|---|---|
| | 의미로 사용하고 있다.<br>• 초자아: 자아의 윗부분에 있으면서 이드 속에 깊이 들어가 있다. 이드 속에 들어가 있다는 것은 초자아가 오이디푸스 콤플렉스의 상속자로서 이드와 친밀한 관계를 가지고 있다는 것을 나타낸다.<br>초자아는 자아가 내적으로 분화해서 이루어진 것이며 양심, 자기 관찰, 이상의 추구 등의 기능을 나타낸다. |
| ④ 자아의 방어 기능 강조 | • 의식=자아 개념, 〈심리기능의 두 원칙에 관한 공식들〉 의식 즉 자아는 쾌락 원칙으로 작동되지 않으며 이차 과정 혹은 현실원칙으로 움직인다는 것이었다.<br>• 성적 본능이 아닌 자아본능이 있어 보다 더 현실기능을 할 수 있는 것이다.<br>• 이후 프로이트는 자아 본능이란 용어를 폐기하고 자아의 쾌락 자아, 현실자아라고 명명하였다. |
| ⑤ 자기애 | • 자기애란 리비도가 바로 자아 자체에 투자되는 것을 의미한다. 영아기는 리비도 자체가 자아 리비도로서 리비도가 자신에게 전적으로 투입된 일차 자기애 상태인데 점차 자신의 욕동을 만족시켜주는 대상을 별개의 대상으로 인식하기 시작하면서 리비도가 점진적으로 자아로부터 외부대상으로 옮겨 가게 된다.<br>• 그것이 고통으로 좌절되거나 상처를 받는 경우 대상으로 향했던 리비도는 자아 자체로 철수하여 이차 자기애 상태를 이룬다.<br>• 자기애 개념은 자아 자체를 부각시킴으로써 자아 심리학의 기초를 놓게 된다.<br>초기 자기애 → 동성애적 대상 → 이성애적 대상 → 대상애(대상 리비도) |
| ⑥ 독립된 발달과정 | • 이드와 자아가 형성되는 인생초기에 어떤 미분화 단계가 있음을 가정하면서 자아가 이드로부터 나오는 것이 아닌 각 체계는 유전적 경향에 그 근원을 가지고 있으며 각자는 그 자체의 독립된 발달과정을 가지고 있다고 보았다.<br>• 자아의 발달이란 바로 환경과 경험 속에서 어떠한 대상으로부터 자아가 독립하고 분화해가는 개인의 진화방식이라고 보는 것이다. |
| ⑦ 3세 이전 발달의 중요성 | • 자아 심리학은 이드 심리학에서 간과했던 어머니의 중요성과 오이디푸스 전 단계인 초기 발달단계의 중요성을 밝혀냈다.<br>• 프로이트의 초기 기억 모델을 버리고 자아, 이드, 초자아의 삼원적 구조 모형을 보완하여 이드만이 아닌 이드, 자아, 초자아 세 심리기제가 다 포함된 개념을 발전시켰다.<br>• 자아 내적 세계를 자아 정신 기제들 간의 갈등으로 개념화하고 있다.<br>• 성과 공격성이 표현되려고 할 때 이 세 정신구조는 갈등을 겪게 되고 그로 인해 불안이 일어나며 이 불안이 방어기제를 발동시키고 이 방어는 적절한 타협을 유도한다(김선아, 2008). |

## 2) 이드 표현의 중요성 -해로운 수치심의 관점에서-

스캇 펙은 "신경증이란 너무 많은 책임을 지려는 것이고 성격장애는 자기가 책임을 지지 않으려는 것이다. 예를 들어, 신경증이 있는 사람들은 세상의 어려움과 문제가 자신에게 있다고 여기고 성격장애의 사람들은 자신의 문제가 세상 탓이라고 돌려 버린다"라고 기술했다(신승철 역, 2004).

성장과정의 자아는 '책임에 따르는 고통과 어려움을 기꺼이 감수하려는 의지'에 직면하는 것이 매우 중요한 것이 된다. 그리고 이 직면능력은 자기 자신과 얼마나 좋은 관계를 갖느냐에 달려 있다.

- 건강한 수치심을 가진 사람은 기꺼이 부딪힐 수 있다.
- 해로운 수치심을 가진 사람에게는 이렇게 하는 것이 어렵다.
- 해로운 수치심은 실제로 성격장애나 신경장애를 일으키는 주된 요인이 된다.

### (1) 신경증 증후의 수치심

① 해로운 수치심은 끊임없이 우리에게 '나는 인간으로서 못나고 형편없는 사람이야'라고 여기게 한다. 더 이상 감정으로서 한계를 느끼도록 알려주지 않는다.

② 해로운 수치심은 존재에 대해 무가치감을 가져다준다. 존재에 대한 느낌은 자기 자신에 관한 느낌이다.

③ 해로운 수치심은 끊임없는 부정적인 생각을 떠올리게 하면서 서서히 파괴시킨다. 부정적인 생각으로 자기 자신을 믿지 못하며 스스로를 가치 없게 여긴다.

④ 해로운 수치심은 영혼의 질병과 같으며 자신을 부인하도록 만든다. 해로운 수치심은 이전 단계에서 죄책감과 두려움을 품고 있다가 이것이 수치심으로 발현된 경우라고 볼 수 있을 것이다.

### (2) 정체성의 수치심 - 수치심의 내면화-

① 내면화란 여러 감정 중 특정한 상황에서 감정의 기능이 멈추어서 개인 성향,

성격 자체로 굳어졌다는 의미이다.

② 어떤 특정한 감정이 지배적이어서 한 사람의 정체성, 즉 성격의 핵심이 될 수 있다.

③ 수치심이 내면화하는 과정은 다음과 같다.

- 수치심이 내재된 사람에게 양육을 받아 수치심을 학습하며 자신과 동일시하여 나중에는 그 사람과 마찬가지가 된 경우
- 어릴 적에 버림받고 학대받은 충격으로 인해 감정과 욕구, 동기가 수치심에 묶인 경우
- 수치심의 기억들이 내면화되어 마음에서 악순환으로 작용하는 경우

### (3) 거짓된 자기의 수치심

- 부모를 이상화
- 자신의 나쁜 부분을 자신의 부분에서 분열
- 분열된 자신의 한 부분을(자신이 받아들이기를 거부한 부모의 한 부분) 타인에게 투사
- 부모의 목소리를 내사하여 자기 내면에서 자신을 비난하는 목소리에 몰두
- 자신이 부모에게 양육받은 대로 자신을 돌봄
- 내적인 불화가 고통스러워 거짓자기를 발달시킴

### (4) 상호 의존의 수치심

- 세계에 대한 왜곡된 인식: 자기기만과 부정의 비애
- 행동의 비논리성, 타인의 비난을 통한 투사
- 감각의 혼란과 문제의 거부
- 낮은 자아 존중감
- 통제와 완벽주의

### (5) 양가감정 부조화의 수치심

양가감정 부조화(경계선 성격장애) 또한 신경증적 수치심의 증후와 유사하게 나타난다.

- 자기 이미지를 구체화시키지 못함
- 개인의 생각, 기대, 느낌, 자존감을 표현하는 데 어려움을 겪음
- 자기 확신의 어려움

### (6) 성격장애 증후의 수치심

① 자기도취 장애

- 끊임없는 주의와 완벽함을 요구, 질투와 분노의 공허감과 허망함
- 나르시즘의 내면화한 수치심

② 편집장애

- 편집장애 또한 내면의 감추기 위해 나타날 수 있다.
- 늘 긴장 상태로 무시, 배신 등 염려하는 일이 일어날 것에 대해 긴장한다.

③ 공격적인 행위

④ 일반적인 범죄

⑤ 육체적 학대

⑥ 성적 학대

### (7) 초인간의 잘못된 의지

① 수치심이 내재되어 감정이 막히면 자신을 통합하는 일과 의지적 판단을 하는 것이 어려워진다.

② 감정의 일을 의지 이성적으로 판단해야 하는 상황에서 감정의 정도를 감소시켜야 하는데, 감정이 수치심에 묶여 있게 되면 감정을 이성적으로 처리할 수 있는 힘이 경직되고 사고가 자유롭지 못하게 된다.

③ 사고 작용 없는 의지는 제멋대로 작용하다가 더 이상 내용이 없는 의지, 즉 고집 그 자체가 되기도 한다.

- 의지만 가지곤 할 수 없는 일을 하려함
- 모든 것을 통제함
- 의지의 확장으로 전능감, 초라함이 반복되어 나타남
- 의지가 충동적인 의지를 위해 존재
- 극단에의 추구

## 이론 속으로

### 1. 자아 심리학의 발전

21세기에 접어들면서 자아 관련 심리학의 연구에 변화가 생겼다. 진아와 가아 사이의 갈등의 적절한 해소가 문제가 되어 나타났던 신경증의 양상은 다소 줄어들면서 오히려 성격에 장애가 있는 사람들의 출현이 늘고 있다는 점에서 연구 방향의 변화가 이루어졌다. 이로써 프로이트의 신경증이론만으로는 이들을 설명하고 치료하는 데 한계를 느낀 정신의학자들이 인간의 변화 양상에 대하여 다양한 임상의 결과를 가지고 다양하게 설명하기 시작하였다. 그중 하나는 포로이드의 고전이론에 충실하며 그의 딸 안나 프로이트와 하트만이 발달시킨 자아 심리학이고 또 하나는 클레인을 중심으로 영국학파에서 나온 대상관계이론, 설리반의 전통에서 나와 코헛이 발달시킨 자기 심리학 이렇게 대별될 수 있을 것이다.

- 프로이트 초기의 심리학은 무의식을 대상으로 하는 심층 심리학이었으나, 후기의 심리학은 자아를 대상으로 하는 심리학으로, 이를 심층 심리학과 구별하여 자아 심리학이라 부른다.
- 자아는 불안이나 심리적 갈등에 근거하여 형성되는 것이 아니고, 오히려 생래적 · 자생적(自生的)인 것이어서, 갈등과는 관계없이 형성되는 자율적인 것으로 보았다. 사회적으로 격리되고 적절한 자극을 받지 못해 부모와 자녀와의 관계가 부적절하게 형성되면 자아는 발달하지 못한다고 보았다. 자아 심리학에서 자아란 '지각하고 판단하며 결정을 내리고, 환경 변화에 대응하여 적응해 가는 기능을 완수하는 것'이라고 정의한다.
- 1923년 이전에 프로이트는 '자아'라는 개념을 억압된 내용들이 떨어져 나간 의

식적인 사고의 집합체라는 의미로 느슨하고 비체계적인 방식으로 사용하였다. 그 후 1923년 「자아와 원본능(Ego and Id)」에서 자아를(원본능과 초자아와 함께) 마음의 삼중구조 중 하나로 지칭하기 시작했다. 자아의 주된 기능은 방어를 통해(사회적 관습과 도덕적 요구를 포함한) 현실을 대변하는 것이다. 자아는 현실을 고려해서 내적 욕동의 압력들을 억압하고 욕동의 방향을 전환시킨다. 자아 심리학자들에게 중요한 문제는 인간의 마음을 욕동과 방어의 구조로 파악한 프로이트의 인간관을 확장시키는 것이었다.

자아 심리학자들의 관심은 다음과 같은 문제들에 집중된다.

- 자아가 어떤 단계를 밟아 방어체계를 발달시키는가?
- 자아는 스스로 진보하는 능력을 가지고 있는가?
- 자아의 발달은 타고난 것인가 아니면 환경적인 요인에 따라 촉진되거나 억제되는가?
- 오이디프스기 이전에 형성된 것이기는 하지만 초자아의 발달과정처럼 양육자의 특성들과 그것을 내면화하는 과정이 자아의 발달과정에 영향을 미치는가?
- 자아에 의해 기능적으로 통제받는 성적, 공격적 욕동들은 초기 자아의 발달의 어떤 영향을 미치는가?

자아 심리학의 일상적인 정신적 과정에 대한 관심은 발달단계에 따라 변화하는 욕동 조직과 그것의 표현 그리고 초자아가 공고해지고 그 기능들이 확립되는 과정의 문제까지도 포괄한다(반건호, 2011).

## 2. 안나 프로이트(Anna Freud, 1895~1982)

| | |
|---|---|
| ① 방어기제의 확대 | • 프로이트의 초기 지형 모델은 의식과 무의식 사이의 갈등을 원본능 충동과 그것을 억제하려는 자아의 방어에 따른 결과라고 설명하면서 분석치료가 대상자의 자유연상 효과에 따라 일시적으로라도 방어작용이 철회될 수 있느냐에 달려 있다고 보았다. 그래야만 원본능의 충동들이 가진 원래의 모습이 드러날 수 있기 때문이다.<br>• 1923년에 소개된 구조 모델은 인간의 정신을 원본능, 자아, 초자아라는 세 가지 내적 대리자 사이의 갈등으로 조금 더 복잡하게 설명한다. 신경증이란 근본적으로 서로 적대적인 세 가지 세력, 즉 유아적 소원들을 충족시키려는 원본능, 도덕적으로 금지된 충족을 막으려는 초자아, 그리고 이 양자와 외부세계 간의 요구들을 중재하려는 자아 사이의 무의식적인 타협으로 만들어짐을 설명하고 있다. |

| | |
|---|---|
| | • 안나 프로이트의 자아에 대한 탐색은 이러한 방어작용들을 중심으로 구체적으로 눈에 띄는 증상에서부터 자아 전체로 확대되어 갔다. 성격 및 자아의 여러 기본 양상들이 방어에 뿌리를 두고 있을 거라는 가정에서 출발한다. 안나는 이러한 무의식적인 방어과정들이 완벽하게 분석되지 않는다면 제대로 된 분석치료는 이루어질 수 없다고 하였다. 원본능 충동을 의식에 떠오르게 하는 것이 무엇보다 중요하다고 생각했다(반건호 2011). |
| ② 전이의 이해, 적용 | • 자아의 방어기제에 대한 탐색은 원본능 충동뿐 아니라 자아 내에서도 자각되지 않는 활동들에 맞추어져야 한다는 것이다. 자아의 의사소통에서 방어된 것과 그렇지 않은 것과의 구별이 매우 중요한 요소가 될 수 있음을 밝히고 있다. 즉, '그것은 무엇인가가(방어적으로) 누락되었다는 사실이 명확해진 다음에야 깨달을 수 있게 된다'<br>• 안나 프로이트는 이드 본능의 외형적 결과로서의 행위들만들 추적하기보다 중립적으로 이드본능, 자아, 초자아 세 구조 모두에 대한 관찰이 필요하고 보다 적합한 분석적 태도가 될 수 있다고 하였다. 또한 다양한 자아의 방어기제들을 연구하고 범주화함으로써 임상적 초점을 변화 확대시켰다(정운선, 2011). |

### 3. 마스터슨(Masterson)

| 주요 이론 | 내용 |
|---|---|
| ① 건강한 자아와 병든 자아 | • 우리가 살아가는 데 있어 사회적, 인간적, 재정적 위기들은 항상 삶의 정상적인 패턴들을 위협하지만 건강한 자아를 가진 사람은 그 위기를 뚫고 나갈 수 있다. |
| ② 건강한 자아의 형성과정 | • 출생 후 3년 동안 유아는 어머니와 한 몸이 아니라는 것을 깨닫게 된다. 유아는 환경을 탐색하고 확신을 위해서 어머니 품에 돌아와 안긴다. 탐색을 하다가 위험, 연약함을 느낄 때 감정의 재충전을 위해 어머니 품으로 되돌아온다. 이때 건강한 정상적 유아들의 경우, 어머니는 유아의 노력을 지원한다.<br>• 3세에는 두 개의 쪼개진 자아가 통합되는 시기이다. 자아의 장점과 단점, 대상인 너의 장점과 단점이 통합되는 기간이다. 자아는 어머니의 두 개의 이미지를 하나로 통합한다. 보상도 있고 좌절도 있는데 통합의 완성을 위해선 오랜 시간이 걸리지만 통합의 시작은 3세부터 시작된다고 볼 수 있다. |

| | |
|---|---|
| ③ 건강한 자아 | • 건강한 자아를 가진 사람은 위기를 통해서 성숙해지고 성장하게 된다. 건강한 자아는 위기에 처할 때마다 극복될 수 있다는 것을 보여 주고 그 변화에 대응해 가면서 도전받고 그 도전을 어떻게 기회로 만드는가를 보여 준다.<br>그 변화에는 ㉠ 독립할 수 있는 능력, ㉡ 결정을 내리는 능력, ㉢ 창의성과 자신감, ㉣ 자긍심을 유지할 수 있는 능력, ㉤ 퇴행에 직면해서 통합할 수 있는 능력 등이 있다.<br>• 삶의 중요한 변화는 사람마다 다르고 또 일생에서 단계마다 다르다. 다른 삶 속에서 변화를 겪으면서 갖는 결과인 성공과 실패는 처음에 중요한 변화의 뿌리가 어떻게 형성되었느냐, 어머니로부터 어떻게 분리되었느냐, 독특한 건강한 자아와 어떻게 만나게 되었는지에 달려 있다.<br>• 건강한 자아는 감정의 충격을 인위적으로 줄이거나 막지 않는다. 성격이나 기질에 따라 차이가 있지만 남자친구, 연인, 여자 친구들과 경쟁할 때 실망, 분노를 느끼는 것은 당연한 일이고 어머니가 자신의 일을 인정해주지 않을 때 죄의식을 느낀다. 건강한 자아는 좋은 감정과 나쁜 감정을, 즐거움과 불쾌감을 둘 다 동등하게 느끼도록 해준다.<br>건강한 자아는 이러한 감정을 숨기거나 느끼지 못하게 장벽을 세우지 않고 다양한 감정을 받아들이고 표현하는 것을 두려워하지 않는다. |
| ④ 병든 자아 | • 병든 자아는 유전과 잘못된 양육으로 인해 형성된다. 사람은 유전적 요소를 타고나고 이 요소가 신체적 성장을 중심으로 발달을 안내하고 개발한다.<br>• 자아는 어머니의 이미지로부터 싹트고 어머니의 이미지와 가능성을 영아는 자신의 자아 속에 내면화하기 시작한다. 다양한 기능들, 즉 현실 감각, 충동 통제, 좌절 인내, 자아 영역 등이 자아활동능력에 적극적 역할을 하게 된다. 이미지와 기능들이 내면화되지 못한 것은 유아를 분리하고 적절한 스트레스, 좌절 상태에 노출시키지 않았기 때문이다. 즉, 과잉 보호는 유아를 외부적 어머니의 권위에 매달리게 하고 자율적으로 행동하도록 기대받지 못하는 결과를 가지고 온다.<br>• 유아의 생래적(유전적) 심리적 가능성은 어머니의 양육이 매우 중요하다. 자아는 어머니와의 하나 된 이미지에서 싹튼다. 대부분 가정에서 어머니는 일차 양육자이다. 어머니의 양육능력을 지원하는 분위기가 강조되어야 하고 이것은 유아의 심리적 성장에 양분을 공급하는 기초가 될 수 있다. 양육은 보 |

| | |
|---|---|
| | 호 · 따뜻함 · 음식 등과 같은 물질적 양육만이 아니라 건강한 자아가 나타날 수 있도록 개인적 자질을 허용해주는 양육환경인가가 더욱 중요하다. 어머니에게 있는 자신의 상실 경험, 우울, 신체적 질병 등은 유아의 건강한 자아에 걸림돌이 될 수 있다. |

# 2. 함께 놀이하기

## 1) 유아 놀이의 특성

① 유아에게 놀이는 창조적 활동과 자기 탐색이다. 유아 또는 성인이 창조적이 될 수 있고 그 전체 인격을 사용할 수 있게 되는 것은 놀이에서만 가능한 것이다. 그리고 개인이 자아를 발견하는 것은 창조적인 존재가 되는 것을 통해서만 가능하다.

② 위니콧은 놀 수 있는 유아의 능력에 많은 가능성을 두어야 한다고 했다. 유아가 잘 논다면 혹 유아에게 문제가 생겨도 유아의 문제 대응력이 기능할 수 있으며 혼자서 혹은 다른 유아들과 함께 놀이를 즐길 수도 있다면 유아에게는 심각하게 진행되는 심리적인 문제는 없다고 하였다.

③ 유아들은 놀이에서 풍부한 상상력이 사용되고, 외적 실재를 정확히 지각하는 게임에서 즐거움을 얻는다면, 설령 유아가 여러 가지 발달적 어려움의 과정을 지나고 있다고 하더라도 잘 이겨 낼 수 있을 것이다.

④ 유아가 적당히 안정되고 좋은 환경이 주어지면, 놀이는 개인적인 삶의 방식을 발달시킬 수 있으며 건강한 발달의 과정에 중요한 기능을 하게 된다.

⑤ 놀이의 특수한 질적 요소를 보면 몰입하고 열중하며, 중간현상에서 놀이로, 놀이에서 공동의 놀이로, 그리고 문화적 경험으로 직접적인 발달을 거친다.

⑥ 유아의 놀이는 환경에 대한 신뢰를 의미하며 누군가가 존재하고 있을 때 혼자 있을 수 있는 능력이 있다는 것을 뜻한다. 또한 놀이는 본래 신명나는 것이며 예측할 수가 없다.

⑦ 그것은 유아의 마음속에서 주관적으로 인식되는 것과 객관적으로 인식되는 것 사이의 상호작용 때문이다.
⑧ 유아들은 놀이를 하지 않을 때는 쉽게 친해지지 못하지만 놀이를 통하여 쉽게 친구를 만들기도 하고 적을 만들기도 한다.
⑨ 놀이는 중간 영역에서 일어나는 것이고 상징화인데, 이 자체가 상상력 창조력의 발현이며 무의식적이고 심층의 자료들이 현실의 옷을 입고 상징화되는 것이므로 의식과 무의식의 조화와 평형과 보상의 능력을 가지고 있다.
⑩ 중간현상으로서 놀이로, 놀이에서 공동놀이로 이후 공동놀이에서 문화적 경험으로 직접적인 발달을 거친다.

## 2) 정신분석 개입으로서의 놀이

### (1) 소망의 충족

① 무의식적 환상과 내적 세계의 정신적 산물을 놀이를 통해 표상화 할 수 있게 된다. 이런 표상화가 이루어진다는 것은 미해결로 남은 발달단계를 놀이를 통해 재연할 수 있게 된다는 것을 의미한다.
② 아직 언어를 사용한 의사소통이 어려운 유아에게 놀이는 성인의 자유연상이 가져오는 분석의 효과를 가지고 있다.
③ 놀이는 일종의 상징으로 유아는 이를 통해 자신의 무의식과 감정을 표현하게 된다. 그렇기에 놀이는 정신이해 맥락에서 "성인의 자유연상을 통한 언어적 표출과 동등한 심리적, 분석적 가치"로 이해된다.
④ 교사와의 놀이는 다시금 발달단계를 재방문하여 미해결로 남아 내적 구조로 자리 잡은 인격의 구조를 변화시킬 수 있는 기회를 제공해준다.
⑤ 놀이과정에서 나타나는 과도한 자만감과 전지전능함의 태도, 그리고 잔인한 공격성에 대해 도덕과 교육의 관점에서 접근하게 된다면, 놀이를 수단으로 생겨난 발달과정의 재경험 기회를 약화시키는 결과를 낳게 된다.

⑥ 유아들이 놀이하는 상황에서 나타날 수 있는 전지전능함의 환상, 야만적인 공격성과 분노표출을 성인의 판단 잣대로 바라보고 지도한다면 놀이에 담겨진 정신분석적 가치와 효과를 가로막는 결과가 될 수 있다.

(2) 불안의 완화

① 놀이를 통해 무의식적 사고와 감정이 표현될 수 있도록 도울 수 있을 때, 클라인의 연구에서 나타난 바와 같이 성인 상담에서와 같은 동일한 전이가 발생하고 분석작업이 이루어질 수 있다.
② 유아의 심리적 현실을 상징적으로 표현하고 전이를 일으키는 기능과 아울러 유아를 수동적인 입장에서 적극적인 입장으로 전환시킴으로써 좌절과 불안 상황을 주도적으로 제어할 수 있는 능력을 습득하도록 돕는다.
③ 놀이는 충동적인 행동과 공격성이 완화되는 효과, 내적인 세계와 외부 현실을 연결하는 중간 영역의 역할을 통해서 치유 그 자체로서의 역할을 갖게 된다.
④ 놀이의 특성상 유아가 힘과 지혜를 가지고 있는 좋은 대상의 역할을 놀이에서 맡으려 하며 응징받는 나쁜 대상의 역할은 교사가 맡아서 하기를 원한다.
⑤ 이는 유아가 일상의 삶에서 경험하거나 아니면 보다 이른 시기에 유아가 경험한 좌절의 상황을 놀이관계에서 역전시키는 것이다. 놀이치료의 이런 핵심적 특징을 깊이 경험하지 못한 교사들은 이러한 상황을 자신의 자기감을 하락시키는 일로 여긴다면 치료와 지도의 효과를 떨어뜨릴 수도 있을 것이다.
⑥ 이러한 놀이의 과정을 통해 교사가 독특한 위치를 허용함으로써 유아가 실제 삶에서 경험하는 감정과 느낌을 극복할 수 있는 기회를 얻게 되는 것이다.
⑦ 무의식적 사고와 정서를 보다 능동적 입장에서 표현하고 재연하는 일이 놀이이며 유아에게 충동적인 행동과 공격성이 완화되는 효과를 가져올 수 있다.
⑧ 놀이 자체가 치료적 효과를 가진다는 것은 놀이치료에서 교사의 역할이 극히 미미하다는 것을 의미하는 것이 아니다.
⑨ 많은 유아교사들은 자신이 하는 일이 유아와 단순히 노는 것이었다는 사실에 자신의 가치와 역할을 과소평가하고 유아교사로서의 자신에 대해 실망감을

느끼기도 한다. 하지만 이런 놀이의 가능성을 열어주어 무의식적 환상과 생각을 표현할 수 있도록 돕는 것은 교사의 주요한 역할이다.

⑩ 무엇보다 그것은 교사가 안전하고 신뢰할 만한 관계를 형성함으로써 달성될 수 있다. 하지만 이보다 더 중요한 것은 교사가 가지고 있는 독특한 위치와 관련이 있다.

(3) 놀이 구조의 변화

① 혼자 놀이를 하며, 이는 신체 부분을 관련시켜 이루어진다.

② 전기 오이디푸스 단계: 일차적으로 어머니와 놀려고 하며, 오이디푸스 갈등을 느끼게 되면 놀이를 통해 성인의 역할놀이를 함으로써 경쟁자인 성인에 대한 무력한 자신의 지위를 보상받으려 한다.

③ 후기 오이디푸스 콤플렉스 단계: 또래와의 게임으로 이루어지는데, 게임을 통해 자신이 속한 사회의 질서를 창조하고 법칙을 따르며 점차 현실사회의 일원이 된다.

## 3) 피아제의 이론과의 비교

피아제는 유아의 상징적 놀이에 대해 다음과 같이 설명하고 있다. "유아는 어른의 관심과 규칙이 낯설게 느껴지는 어른 사회의 세계에, 그리고 아주 조금밖에 이해하지 못하는 물리적인 세계에 적응하도록 끊임없이 강요당한다. 그러나 유아는 이런 적응을 통해서는 어른들이 하는 것처럼, 자신의 성격의 정서적이며 심지어 지적인 욕구를 만족시키지 못한다. 따라서 유아의 정서적 · 지적 평형을 위해 필수적인 것은 유아가 사용할 수 있는 활동영역을 갖는 것이며, 그 활동영역의 동기는 적응이 아니라 이와는 반대로 강제적이거나 제재받지 않은 상태에서 자기의 욕구에 현실을 동화시키는 것이다. 그러한 영역이 놀이이며, 모방이 외적 모델에 대한 적응이라면, 놀이는 자기의 욕구에 동화시킴으로써 현실을 변형시키는 것이다." 라고 했다.

놀이는 긴장을 완화한다. 따라서 놀이 그 자체가 치료수단이다. 유아로 하여금 놀 수 있도록 준비해 주는 것이 그 자체로 직접적이고 보편적인 효용성을 가진 심리치료이다.

유아가 놀이를 할 때는 유아를 충분히 보호해 줄 수 있는 사람이 거기에 있어야 한다. 그러나 이것은 그 보호하는 사람이 유아들의 놀이에 들어가야 한다는 의미가 아니다. 놀이를 조직하는 사람이 통제하는 존재가 되면 유아들은 창조적인 놀이를 할 수 없다. 유아에게 놀이는 경험이다. 항상 창조적인 경험이고 삶의 기본 형태인 시공의 연속성 안에서의 경험인 것이다. 놀이는 그 자체로 '인간의 경험적 존재 전반'에 대한 기초가 되는 것이다.

### 놀이치료 상황 : 지훈의 사례

전쟁놀이를 통해 그의 무의식적 불안과 파괴적인 공격성을 군인 장난감과 무기를 통해 상징적인 방식으로 표현할 수 있었다.
자신의 어린 시절 유아발달에서 일어났던 외상 사건과 이에서 비롯된 내적인 심리적 현실을 놀이를 통해 표현함으로써 이전에 수동적으로 경험되었던 현실을 놀이 장면에서 연출시킬 수 있었다.
심리적 현실에서 가장 중요한 측면을 이루는 극단적으로 분열시키는 방어기제를 보여 주는 것이었고 성과 무기 그리고 장난감 병사를 통해 그의 보다 이른 시기에 경험한 대상관계의 측면을 전이시켰다. 물론 거기에는 나쁜 편의 대장 역할을 맡은 교사에 대한 전이도 포함된다.

**아름이의 사례**

아름이는 놀이에서 어머니나 선생님의 역할을 맡아서 다른 사람에게 우월한 힘을 행사한다.
반면, 교사는 이 놀이에서 박해받거나 징벌받는 자녀나 학생의 역할을 맡는다.
역전된 상황으로 묘사될 만한 이런 관계에서 교사(상담사)는 박해받는 역할에서 경험되는 감정과 느낌을 언어화함으로써 유아의 내적 세계를 공감해 줄 수 있을 뿐만 아니라, 나아가 유아가 경험하는 무의식적 불안과 분노를 언어화하여 증상을 완화시키는 치료적 결과를 가져온다.
아름이는 또한 교사를 전쟁놀이에서 나쁜 편 대장의 역할을 맡게 하여 이와 동일한 상황을 만들었다.
최종 전쟁에서 승리하고 나쁜 편 군사들과 대장을 잡아 가둔 그는 곧 처형식을 집행했다.
불태워지거나 목이 베이는 운명에 처해진 교사의 군사들과 교사로 형상되는 인형을 보며 교사는 이렇게 이야기했다. “이렇게 죽음을 기다리는 일은 참 초조하고 절망스럽구나.”
이런 교사(상담가)의 언어화는 유아의 내적인 정서를 표현하는 것으로, 놀이를 통해 수동적으로 경험해야 했던 상황을 능동적으로 재처리하는 과정을 더욱 촉진시키며, 유아의 무의식적 갈등과 불안을 언어화하여 증상을 완화시키는 효과를 갖게 된다.

### 4) 교육에의 적용

① 놀이를 통해 어린 시절을 회상할 수 있는 기회를 자주 제공한다.
삶이란 상처받고 쫓기듯 어디론가 달려가는 시간들 속에서 다시금 진정한 자기를 찾아 나서는 자신으로의 회복과정이 되어야 한다.
② 사물이나 사람에 대한 강한 감정적인 이끌림, 호기심을 통하여 놀이하는 자신이 드러날수록 건강한 것이다.
③ 재미있고 활기찬 기억, 상황을 현재의 모습 속에 통합되도록 한다.
④ 놀이를 통해 꿈에 귀 기울이기를 할 수 있다. 꿈의 상징들에 귀를 기울이고

배우도록 한다.

### ▣ 상징의 의미

- 상상력과 상징의 영역은 놀이의 공간이고 놀이하는 자기의 출현이다. 열망, 욕망, 재미, 소망, 필요, 좌절, 박탈, 아픔, 격렬함, 마음과 영혼을 경험하고 보여 주는 안전한 장소, 놀이하는 자기의 활성화, 거짓된 순종과 강요에서 오는 우울, 위축으로부터 위험을 감수하고 경험함으로써 생동감 있는 삶을 살게 된다.
- 상징은 인간의 풍부한 원형이 투사된 것, 심리적 내용을 대변하는 것이므로 표현적이고 통합적이다.
- 상징은 무의식으로부터 나온다. 유아는 전인적인 존재로서 의식과 무의식의 통합으로 개성화를 이룰 때 건강할 수 있다.
- 상징의 사용은 자기의 한계를 뛰어넘어 신비로운 존재로 자신을 확장하는 것이고 깊고 근원적인 자신의 진정한 깊이로 나아가는 과정이라고 할 수 있다.
- 의식의 세계와 거짓자기의 순응성과 위축, 우울의 시간이 존재한다면 무의식의 세계, 미숙하지만 진정한 참자기, 놀이하는 자기가 그 모습을 병리적으로 드러내고 상징의 출현이 지속되면서 통합과 성숙으로 나아가는 과정에 있음을 알 수 있다.
- 의식화된 활동을 중심으로 거짓 순응적 자기를 강화하기 보다는 상징, 상상, 놀이를 통한 자아의 회복의 기회가 많은 것이 바람직하다.
- 꿈속의 상징물이나 이미지에 초점을 맞추고 자아의 통제를 배제하며 나름대로의 생명력을 가진 무의식적 심상들이 활성화된다.

⑤ 놀이의 활성화, 회복이 중요하다.
놀이 에너지가 충만할수록 창조적인 다른 활동을 할 수 있다.

⑥ 새로운 호기심, 놀이, 창의적 갈등은 참자기 발견이 가능한 상징체로서 유아

들로 하여금 보다 더 자기 자신의 모습을 찾을 수 있은 기회를 제공하게 될 것이다.

Chapter

# 05

# 하트만 이론과 유아교육

## -자기 통제력 북돋워주기-

# 1. 시기별 특성

## 1) 영아기

의존적이던 영아들이 매우 활동적이고 지칠 줄 모르며 호기심 많은 영아로 변화한다. 서기, 걷기 같은 신체운동발달이 기초가 되어 탁자를 붙잡고 서서 탁자 위에 있는 것을 볼 수 있게 됨으로써 잡지책 끌어당기기, 화장실 아래로 놀잇감 던지기, 보이는 것은 무엇이나 먹으려고 입으로 가져간다. 이것을 독립선언, 자립의 징조로 볼 수 있을 것이다.

## 2) 보행기

에릭슨은 이 시기를 자율감의 기초를 획득하는 시기로 보았다. 그러나 이러한 자율감의 부재는 곧 수치, 의심의 발달로 이어질 수 있다. 유아는 걷고 기어오르고 하는 새로운 성취를 통해서 자부심을 느끼게 된다. 또한, 모든 것을 스스로 하려고 한다. 성인이 유아의 발달의 속도와 시간을 인식하고 도움을 주려고 한다면 유아의 근육발달과 아울러 통제감의 발달에 따라 다양한 감각기능을 활성화시킬 수 있다(Hamner & Turner, 1990).

또한, 이 시기의 유아는 "내가 할거야", "내거", "싫어"라는 말을 자주 사용한다. 이러한 표현은 바로 내면의 자율감발달의 한 증거가 될 수 있을 것이다. 유아가 스스로 입고 스스로 먹으려고 할 때 양육자는 무한한 인내가 필요하다. 양육자가 유아에 대해 비판적이거나 세심한 양육이 결여된다면 유아는 자신의 능력에 대한 신뢰감을 획득하지 못하게 될 것이다.

"싫어"를 반복하는 유아는 자신과 타인이 분리되어 있음을 연습하는 것이라고 보아도 좋을 것이다. 타인이 자신에게 무엇을 기대하는지 타인이 자기에게 어떻게 반응할 것인지 등을 배우는 것이다. 브라즐튼은 유아기의 부정적 성향은 자신이 내적으로는 강한 동기와 열정을 가지고 있음을 나타내는 것이며, 다른 사람의 방해를 받고 싶지 않다는 방어를 하는 것이기도 하다.

"싫어"라는 것을 교사에 대한 개인적인 방어나 싫어함으로 생각해서는 안 된다.

자율성을 획득하고자 하는 자발적인 고뇌로 보아야 할 것이다. "네"를 말하기 위해 "아니오"를 배우고 있는 것이다. 거절적인 행동을 나타내는 만큼 안정감 있는 유아로 자라날 것을 기대할 수 있어야 한다.

그러므로 양육자는 유아의 자기 존중감을 위협함이 없이 건전한 자율감을 발달시켜 가도록 돕는 것이 매우 중요하다. 이러한 과정에서 유아에게서 예상치 못하게 부정적 행동들이 나타나는 것도 최적의 발달로 가기 위해 필요한 과정으로 이해하며 접근하는 것이 필요하다.

# 2. 자기 통제의 메커니즘

## 1) 보상과 처벌

유아의 자아 통제를 가능하게하는 요인은 양육자와의 환경에서 마련될 수 있는 보상과 처벌체제이다. 애착이 형성된 관계 속에서 어머니의 지시에 따르는 유아의 반응은 사랑이 보상으로 제공된다. 애착 형성 이후 어머니는 유아가 복종하지 않으면 사랑이 철회될 수 있는데, 이것이 유아들이 어머니와 격리될 때 느끼는 고통과 비슷한 상황이 유발된다. 어머니의 사랑과 인정에의 추구 노력이 사회화 과정 중의 지시에 따르려는 큰 동기가 되는 것이다.

## 2) 어머니 행동의 모델

사회화 하는 과정 중에 어머니가 하는 행동이 그 자체로 모델링이 된다. 그러나 이 모델링과 모방이 사회화를 손상하는 한 요인이 되기도 한다.

## 3) 인지적 요소로서의 자기 통제

학습의 기억적 요소, 인과관계의 파악, 과거 경험의 현재 상황에의 적용, 단편적 경험의 통합 경험, 상위 통제요소에 효율적으로 개입 작용하는 언어적 활동이 인지요소로 작용한다.

### 4) 언어기능의 자기 통제

어머니로부터 시작된 지시는 자신에게 스스로 하는 말로 전환되고 이 언어는 내적 언어화되면서 사고활동의 통제를 돕게 되는 역할을 한다. 사고의 지연과 유도기능의 통제작용이 언어를 통해서 이루어진다.

### 5) 어머니의 신뢰를 통한 일관된 태도

부모의 가치를 내면화 하는 과정이 성공적인 경우 자기 통제 및 조절과정이 순조롭게 발달한다.

### 6) 만족 지연능력, 주의 돌리기

유아 앞에 매력적인 놀잇감을 놓고 "엄마가 올 때 까지 만지지 말아라"라고 말해보자.

유아가 얼마나 자신의 충동을 조절하고 만족을 지연시키기 힘든지 볼 수 있다.

### 7) 놀이와 상상력의 자기 통제 기능

놀이과정이 유아 스스로 판단하고 의사를 결정하는 자기 통제, 자기 조절의 습득을 돕는 기회이며 연습의 장으로 기능한다.

# 3. 관련된 요인
## - 주의력의 발달 -

① 4~6개월 사이 부쩍 발달하게 되는 주의력은 무력감에 대처하며 고통에 대한 인내심을 증가시켜준다.

② 이 시기에 외적인 자극을 통제할 수 있는 능력이 발달하게 된다. 불쾌한 자극이 올 때 고개를 돌리며 흥분되는 상호 교환 자극을 조절하기 위해 상황을 피할 수 있게 된다. 이때 영아를 돌보는 양육자가 이러한 영아의 활동에 민감하게 반응하면서 과도한 자극에 대해서 완화시켜주는 노력이 유아의 자기 통제능력을 촉진시켜 줄 수 있다.

# 4. 개인 간 특성요인

① 보행기의 분리화와 개별화의 과정이 이루어지면서 유아는 세상과의 연대감, 분리감 등이 획득된다.

② 어머니 특성의 유형에 따라 이 과정이 영향을 받는다. 즉, 의사소통의 능력이 성장하는 것에 기쁨을 느낌으로써 유아와의 접촉이 풍부한 경우가 있을 수 있고, 이와는 대조적으로 유아가 수동적이고 의존적인 것에 기쁨을 느끼는 어머니의 특성이 있을 수 있다. 후자의 경우와 같이 유아와 지나친 감정 공유를 바라는 어머니는 자신의 자녀가 독립성을 나타내 보이려 할 때 강한 상실감을 느끼게 된다. 이러한 경우는 자녀의 자율감발달을 순조롭게 이루기가 어려울 수 있다.

③ 유아들은 개별화 과정에 적응하기 위한 대체 사물들(베개, 곰돌이)에 애착을 형성한다. 안정된 자아감에 도달하기 전 단계에서 애착이 성인에서부터 사물로 이동하는 현상이다.

④ 건강한 자아 인식은 자율감과 함께 발달하며 또래 간의 개인차가 나타난다. 보행기술의 발달에 따른 이동능력이 활발해짐에 따라 자신의 몸을 가지고 무엇을 할 수 있는지를 탐색해 간다. 독립심의 발달은 자신이 무엇을 하기 원함에서 비롯되는데, 원하는 것만큼 자신의 능력이 충족되지 못한 상황에 처할 수밖에 없게 된다.

# 5. 교육에의 적용

자신이 속한 거대한 세계 속에서 유아들은 자신의 힘이 부족함을 느끼는 듯하다. 독립적이 되어 보려고 노력하는 것이 자신의 환경과 자신을 둘러싼 사람들을 통제하려는 시도로 나타난다. 이러한 발달특성과 필요는 유아의 자아 개념이 발달되어 가는 증거가 되기도 한다. 그러므로 유아들은 그들 스스로 무엇인가를 해볼 수 있는 기회를 최대한 제공하는 것이 중요하다.

① "내가 할거야"의 상황에 대해 유아가 스스로를 돕는 기술을 배울 수 있는 기회로 용납하고 인정해 준다. 교사가 모델을 보여 주고 유아가 필요로 할 때 도움을 제공해 주는 것이 바람직하다. 유아에게 유능감을 맛보도록 하면서 격려해 주는 것이 필요하다. 또한, 유아가 스스로 시도하다가 실수하더라도 그것을 용납하는 것이 중요한데, 이것은 유아가 스스로 계속 시도해 보는 것을 배우는 기회가 될 것이기 때문에 그러하다.

② 유아들에게 자신이 스스로 결정할 수 있는 적절한 기회를 제공해 주는 것이 필요하다. 다만, 혼란스러울 정도의 많은 기회는 바람직하지 않을 것이다. 특히, 긍정적인 방법으로 선택해 볼 수 있는 기회가 적었던 유아는 자신의 힘을 부정적인 방법으로, 즉 배변훈련이나 음식 먹는 것을 거절하는 등으로 사용하려고 한다. 이것은 교사와 유아 사이의 힘의 소모전만을 불러일으키므로 바람직하게 나아가는 것이 필요하다.

③ 유아의 부정적인 행동을 줄이고 유능감을 향상시킬 수 있는 방법으로 교사가 스스로 부정적인 언어를 삼가는 것이다. 교사가 "안돼"라는 말을 자주 쓰면 유아도 그러한 말을 더 많이 사용하게 될 것이기 때문이다. 다른 유아의 안전

을 해치는 위급한 상황인 경우에는 "안돼"와 같은 말이 필요하나 교사가 지도를 해야 하는 상황에서 하지 말아야 할 것을 말해 주기보다는 할 수 있는 것을 말해 주는 것이 더 바람직하다.

④ 유아의 환경을 자신의 유능감을 시험해 볼 수 있는 공간으로 마련해 주는 것도 필요하다. 탐색의 공간, 신체표현이 가능한 자료, 이러한 것이 풍요하면 유아들의 에너지를 건전하게 표출할 수 있을 것이다.

### 이론 속으로

■ **하트만(Hartmann, H. 1894~1970)**

하트만은 분석의 초점을 무의식에 감춰진 유아적 소망을 드러내는 것에 맞추는 것을 넘어서- 닫힌 의식의 열린 의식화 원초아, 자아, 초자아의 역동으로 만들어지는 정신구조를 분석하고, 이를 적응적으로 수정하는 것에 맞추어야 한다는 것을 강조하였다.

하트만의 자아 심리학은 유아기에 있어서 현실원리의 발달이나 자아의 통합적이고 종합적인 기능, 자아의 보조적 지각과정, 기억작용, 사고작용과 자아의 방어기제 같은 문제뿐 아니라 더욱 중요한 것은 자아의 자율성이라는 점을 강조하면서 진정한 의미의 자아 심리학의 시작과 기초를 놓았다고 할 수 있다.

1939년의 〈자아 심리학과 적응〉이라는 논문을 통해서 프로이트의 자아 구조를 자아의 삼자 평형으로 재정의하였으며 자아의 적응과정에서 건강한 자율성이 산출되는가가 보다 중요함을 밝히고 있다.

- 정신분석학적 관심의 범주를 정신 병리로부터 전반적인 인간발달로 확장
- 정신분석을 하나의 독립적인 치료방법이며 한 학문 분야의 영역으로 발전
- 무의식은 유아기의 성욕(리비도)의 잔재, 이 잔재들이 무의식 안에 억압된 상태로 있으며 각 발달단계에서 리비도의 만족이 곤란하게 되어 욕구좌절이 생기며 이로 인한 퇴행이 자아발달에 영향을 미친다고 보았다.
- 출생 시 이드만 존재하는 것이 아닌 비분화된 모체 자아, 이드 모체를 가지고 태어난다.

| 개 념 | 내 용 |
|---|---|
| ① 자아기능의 확대 | • 태어날 때부터 이미 자아는 잠재기능을 가지고 있다.<br>• 태어날 때부터 존재하는 일차 자율의 기제로 인식, 의도, 대상이해, 사고, 언어, 회상현상, 생산성, 동작발달 등이 수행된다. |
| ② 〈자아-이드 모체〉로부터 자아, 이드의 독립적 발아 | • 비분화된 〈자아-이드 모체〉를 위해선 극단적인 환경이 아닌 보통의 일반적으로 기대되는 환경의 제공, 이러한 환경 속에서 적응하는 자아가 길러질 수 있다.<br>• 자아는 더 이상 원본능으로부터 발생한 심리구조물이 아니다. |
| ③ 적절한 환경의 중요성 | • 자아의 잠재력을 가진 유아가 성장하기 위해서는 '평균적으로 기대할 만한' 환경조건이 필요하다.<br>• '갈등과 무관한 자아능력'의 잠재성은 적절한 환경 속에서 자연스럽게 표출되어 유아가 주변세계에 적응해나가도록 도와준다.<br>• 유아가 가지고 태어난 적응력에 알맞은 환경이란 어떤 것일까?<br>• 유아의 정신발달을 결정하는 '평균적으로 기대할 수 있는 환경'을 구성하는 필수요소는 무엇인가?<br>• 유아가 환경과 맺는 초기 관계 안에 욕동의 중립화 과정을 촉진하고 본능적 갈등을 조절하며 자아의 비갈등적인 활동에 필요한 에너지를 만드는 요소들이 존재하는가?<br>• 하트만의 이론에서 나온 이러한 질문들은 발달적 관점을 지지하는 수많은 자아 심리학자들의 연구과제가 되었다. |
| ④ 광의의 적응과 협의의 적응 | • 현실적 적응이 꼭 최적의 적응이 아니라고 보았다.<br>• 효율성, 정체성과 같은 객관적 현실 원리보다 주관적인 자신의 상황에서의 협의의 현실 원리가 훨씬 더 적응에 유리하며 우선할 수 있음을 강조하고 있다. |
| ⑤ 방어의 기능-일차 자율기능, 이차 자율기능 | • 방어가 갈등으로부터 생겨난 것이지만 결국엔 적응적인 능력으로 발전시킴으로써 자율적인 자아특성을 지닐 수 있도록 해주는 기능을 한다.<br>• 이차 자율기능은 현재가 과거와 연결되어 있으나 나중에 그 자체가 자율적인 목적을 갖는 기능이 된 경우 그것을 이차 자율기능으로 보았다. |

**| 표 5-1 | 프로이트와 하트만 이론의 비교**

| 개념 | 프로이트<br>'신경증은 어떻게 형성되는가' | 하트만<br>'인간은 어떻게 발달하는가' |
|---|---|---|
| ① 자아 역할 | • 신경증 발현과정에서 어떤 역할을 하는가?<br>• 방어적 관점, 원초아의 충동을 조절하고 위장된 표현과 타협된 충족을 유도하는 기능 | • 문제환경에서 욕구 충족을 위해 어떻게 역할을 하는가?<br>• 환경에 적응하는 과정에서 주도적 역할<br>• 갈등과 무관, 출생 시 이미 가지고 있는 잠재된 자아 능력 안에는 언어 지각, 대상 이해, 사고능력 등을 포함하는 데 이러한 능력은 '평균적으로 기대할 만한' 환경이 제공되었을 때 '환경과 유기체 간의 상호작용'을 통해 발달 |
| ② 구조 설명 | • 이드, 자아, 초자아 간의 갈등 양상을 설명 | • 이드, 자아, 초자아 각각의 주체가 어떻게 성숙하여 역할을 수행하는지 초점 |
| ③ 방어기제 | • 이드 내의 무의식적 충동을 에너지로 동작하는 부적응적인 기제/ 분석의 초점을 이 방어를 해제하고 무의식적 충동을 수용하는 것에 맞춤 | • 방어는 갈등의 과정에서 획득, 하나의 사회화된 행동으로서 어떤 충동의 에너지 없이도 자율적으로 적응적 기능을 함(방어는 이차적 자율성을 가짐)<br>• 항문기 배설, 단정함 추구 그러나 여기에 작용한 방어는 고유의 자율기능 가짐 |
| ④ 에너지의 기원 | • 자아가 무의식의 충동에서 에너지를 얻음(예: 승화) | • 중립화(neutralization), 욕동의 성질 자체가 변화되었음 |

Chapter

# 06

# 말러 이론과 유아교육

## -자율감, 주도성 북돋워주기-

## 1. 유아 후기의 특성

① 생애 첫해가 애착이 주요한 발달과업이라고 한다면 2세는 주도성이 주요한 발달 변화로 나타남을 알 수 있다. 에릭슨은 유아 후기를 주도성발달의 시기로 설명하였다.

② 유아 후기는 걷기, 스스로 먹기, 배변통제 등에서 유능성을 발달시키고 난 이후의 시기로서 3년 6개월 이후의 시기로 볼 수 있다. 이때 기본적인 운동기술이 획득됨으로써 자신의 신체를 좀 더 자율적으로 조절할 수 있게 된다. 또한 자발적으로 상호작용에 참여하는 기회가 점차 늘어나고 탐색과 다양한 활동에서 대·소근육 사용을 원활하게 할 수 있게 된다.

③ 유아 후기 사회정서영역의 발달의 과업은 주도성이다. 주도성이란 새로운 아이디어를 만들어 내고 스스로 무엇인가를 시작할 수 있는 능력을 말한다. 주도성은 실제 유아의 신체운동능력이 발달하게 됨에 따라 다양한 운동활동을 할 수 있게 됨으로써 가능하다. 이전 단계에서 나타난 다른 사람의 행동에 반응하거나 모방하는 단계가 아니다.

④ 유아의 주도적 활동은 주변 성인의 반응에 따라 지속적으로 이루어질 수 있다. 이때 유아에게 자유로운 환경에서 다양한 기회와 격려가 제공된다면 언어적 질문과 탐색이 활발하게 나타난다. 또한, 자신의 경험을 많이 이야기하고 상상놀이에 적극 참여하는 등 주도성발달의 증거가 될 만한 행동을 관찰할 수 있게 된다(Hamner & Turner, 1990).

⑤ 유아기 동안 양심의 발달이 지속적으로 이루어지나 양심이 확고하게 되기까지는 좀 더 시간이 필요하다. 4세가 되면 죄책감을 느끼게 되는데, 이러한 감정이 옳은 것과 그릇된 것 간의 차이점을 이해할 수 있게 되는 감정발달이

된다. 또한, 다른 사람에게 인정받을 수 있는 행동과 그렇지 못한 행동 간을 구별할 수 있게 된다.

⑥ 유아 주변의 성인이 유아가 하는 주도적 행동에 대해서 부정적으로 반응하면 유아도 스스로 시작하는 자신의 활동이 다른 사람을 귀찮게 하며 위험하다는 생각으로 죄책감이 싹트게 될 수 있고 이러한 감정이 오랜 기간 동안 지속될 수 있다. 아직 이 시기가 미성숙한 시기이므로 무엇이 옳은가를 생각하여 자신의 행동을 일관되게 조절하여 행동하는 것은 어렵다.

⑦ 주변 환경 탐색을 격려해 주고 인정을 받은 유아는 환경 탐색하는 일에 열정이 있고, 호기심 있어 한다. 유아의 탐색활동에 대해 성인이 지나치게 방어적이거나 지시적으로 이끈다면 유아는 주도성을 발달시키기 어렵다(Hamner & Turner, 1990).

⑧ 그러나 유아들의 활동 반경이 넓어지면서 온통 말썽을 저지르고 다니는 모습에서 어머니들은 제지와 통제를 자주 사용하게 된다. 이때 내 맘대로 하고 싶었던 주도성과 어머니로 대표되는 사회의 필요, 요구 사이에 격렬하기까지 한 저항의 관계가 형성되는 듯하다.

⑨ 젖병 싸움에서 숟가락 싸움, 변기 싸움으로까지 지속되는 이 시기 동안의 주도성의 이면에 있는 인지적 요소를 고려해보자. 주도성발달의 욕구에 내재된 인지는 내 맘대로 다 될 수 있다는 전지전능적 사고의 한 단면을 나타낸다. 나의 움직임은 곧 원하는 결과로의 등식화가 그것이다. 그 이전의 시기에는 자신의 행동과 결과와의 연관성을 고려하지 않았으므로 이러한 관계설정은 인지적으로 큰 진전이라 할 수 있다. 〈내가 무엇 하면 무엇이 이루어진다〉를 획득한 이 사고는 적절한 죄책감과 연결되어서 주도성에 일정한 제동장치가 될 수 있다.

## 2. 발달적 중요성

① 에릭슨은 유아 후기를 주도성발달의 시기로 설명하였다. 유아 후기는 걷기, 스스로 먹기, 배변통제 등에서 유능성을 발달시키고 난 이후의 시기로서 3년 6개월 이후의 시기로 볼 수 있다.

② 이때 기본적인 운동기술이 획득됨으로써 자신의 신체를 좀 더 자율적으로 조절할 수 있게 된다. 또한, 사회적 상호작용에 참여하는 기회가 점차 늘어나고 탐색과 다양한 활동에서 대·소근육 사용을 원활하게 할 수 있게 된다.

③ 유아 후기 사회정서영역의 발달의 과업은 주도성이다. 주도성이란 새로운 아이디어를 만들어 내고 스스로 무엇인가를 시작할 수 있는 능력을 말한다. 주도성은 실제 유아의 신체운동능력이 발달하게 됨에 따라 다양한 운동활동을 할 수 있게 됨으로써 가능하다. 이전 단계에서 나타난 다른 사람의 행동에 반응하거나 모방하는 단계가 아니다.

④ 유아의 선도적, 주도적 활동은 주변 성인의 반응에 따라 지속적으로 이루어질 수 있다. 이때 유아에게 자유로운 환경에서 다양한 기회와 격려가 제공된다면 언어적 질문과 탐색이 활발하게 나타난다. 또한, 자신의 경험을 많이 이야기하고 상상놀이에 적극 참여하는 등 주도성발달의 증거가 될 만한 행동을 관찰할 수 있게 된다(Hamner & Turner, 1990).

⑤ 유아기 동안 양심의 발달이 지속적으로 이루어지나 양심이 확고하게 되기까지는 좀 더 시간이 필요하다. 4세가 되면 죄책감을 느끼게 되는데, 이러한 감정이 옳은 것과 그릇된 것 간의 차이점을 이해할 수 있게 되는 감정발달이 된다. 또한, 다른 사람에게 인정받을 수 있는 행동과 그렇지 못한 행동을 구별 할 수 있게 된다.

⑥ 유아 주변의 성인이 유아가 하는 주도적 행동에 대해서 부정적으로 반응하면 유아도 스스로 시작하는 자신의 활동이 다른 사람을 귀찮게 하며 위험하다는 생각으로 죄책감이 싹트게 될 수 있고 이러한 감정이 오랜 기간 동안 지속될 수 있다. 아직 이 시기가 미성숙한 시기이므로 무엇이 옳은가를 생각하여 자신의 행동을 일관되게 조절하여 행동하는 것은 어렵다. 주변 환경탐색을 격려해 주고 인정을 받은 유아는 환경을 탐색하는 일에 열정이 있고, 호기심 있어 한다.

⑦ 유아의 탐색활동에 대해 성인이 지나치게 방어적이거나 지시적으로 이끈다면 유아는 주도성을 발달시키기 어렵다(Hamner & Turner, 1990).

# 3. 주도성의 형성요인

## 1) 자기 정의

유아들의 사물과 환경에 대한 탐색은 유아기 전 단계를 통해 계속 발전하게 된다. 이때 나타나는 탐색과 주도성은 유아 스스로 내 자신이 무엇을 할 수 있는지를 발견하게 되면서 나의 외현에 대한 다양한 정의를 내리도록 한다.

"나는 무엇을 할 수 있어. 나는 무엇을 좋아해. 나는 오늘 일일 반장이야"

## 2) 주도성과 자기 가치감

자기 가치감, 자긍심 등은 이러한 자기 정의를 통해서 발달한다. 자존감의 두 원류는 사회적 수용감과 자아 능력감의 발휘를 통해서 이루어질 수 있다. 유아기로부터 시작한 자기 가치감은 중기 아동기까지 학업의 성취, 신체적 능력, 친구관계를 통하여 확장된다.

자기 가치감이 높은 유아는 자신이 중요하게 생각하는 영역에서 성취가 높게 나타난다.

### 3) 책임감의 발달

내적 통제력, 외적 통제력의 개인적 지각은 주도성과 매우 밀접한 연관이 있다. 자신에게 어떠한 미래가 올 것인지 나의 주도 여부와는 관계없다고 생각하는 내향적 주도성의 성향은 학교생활에서의 성취가 자신의 미래를 생각하면서 현재의 경험과 활동이 나의 주도성에 달려 있다고 생각하고 믿는 유아들에 비해 낮을 수밖에 없을 것이다.

### 4) 이상발달로서의 주도성

주도성이 발달하기 위해서 필요한 호기심은 주의 집중력 등이 요구되는데, 주의를 기울이는 능력의 부족은 주도성이 과잉 활동 양상으로 바뀔 수 있다는 점에서 우려되는 요소가 된다.

## 4. 주도성의 조직화 과정

① 아기를 어머니와의 공생적 결합으로부터 단계적으로 발달하는 존재로 본다. 아기의 심리적 탄생은 어머니의 자궁으로부터 태어나는 생리적 탄생과 일치하지 않는다. 태어나기 전에 자신의 몸속에서 아기를 품어주었던 것처럼 어머니는 태어난 후에도 아기의 연약한 정신을 품어준다.

② 정신분석학적 자아 심리학에서 나타난 이러한 인간발달의 공생적 시기에 관한 생각은 인간경험의 많은 특성들을 이해할 수 있게 해주었다. 자아 심리학자들이 관심의 초점을 원본능에서 자아로, 그리고 억압된 것에서 정신과정으로 전환하면서 분석과정의 모델 또한 변화하기 시작하였다.

③ 자아 기능에 관심을 갖도록 돕는 방법

- 자기를 관찰하고 성찰하며 현실성을 유지할 수 있게 해준다.
- 잠재력이 무의식적인 갈등을 밝히는 과정에 유용한 치료적 동맹자가 될 수 있다는 사실을 인식한다.
- 자신의 자아능력들을 불러내어 중요한 '내면의 이야기'를 교사에게 들려줌으로써 교사들이 유아의 마음을 (갈등하는 정신적 욕구들과 신경증의 방어적 전략) 보다 잘 이해할 수 있게 도와준다.
- 교사와 유아가 함께 작업할 수 있는 '치료동맹'을 형성하는 것이 필요하다.
- 유아와 교사의 치료적 협력관계 그 자체가 치료적이며 교육이라는 사실이 밝혀짐으로써 시작되었다. 효율적인 정찰대로서 작업하면서 유아는 자신을 더 잘 관찰하고, 단순히 반응적이 아니라 반성적이며, 자기가 필요로 하는 것을 언어로 표현함으로써 욕구의 직접적인 충족을 보류하는(하트만이 말하는 욕동 중립화와 동일한 과정) 능력을 발전시키고, 곧바로 행동을 취하

기보다 예상되는 결과를 고려할 수 있게끔 되었다.

④ 정신구조 자체가 인간적인 동맹관계 안에서 공고화된다는 사실에 대한 깊은 이해는 임상기법에서의 혁신을 가져왔다. 새로운 기법은 초기의 유아와 어머니의 상호관계를 분석가와 환자와의 관계 안에 다시 도입하는 것이었다. 어린이들을 치료했던 초기의 연구 경험을 통해 말러는 치료 경험 자체를 하나의 잠재적인 교정적, 공생적 경험으로 보기 시작하였다.

⑤ 프로이트의 정신분석이론

치료상에서 유아가 자신의 문제에 대한 무의식적 원인을 '통찰'하는 것을 목표로 하였다. 그리고 자아는 단지 정신의 다른 강력한 힘들 사이에 껴서 부대끼는 존재였다. 즉, 자아는 초자아나 이드와 같은 정신구조의 대립 속에서 결정되는 존재라는 것이다.

⑥ 자아 심리학

자아는 단순히 다른 정신구조들의 전쟁터가 아니라, 그러한 힘들의 조정자로서, 내부의 욕망과 외부의 현실에서 사람을 (상처받지 않게) 조정하고 지키는 역할을 한다고 한다. 그리고 치료상에서 단순히 무의식의 통찰뿐이 아니라, 자아는 인간 자신을 지키는 역할을 하는 것이기에, 통찰된 무의식적 욕구와 외부의 현실의 조정능력을 다시금 '훈습'해야 한다는 것이다. 즉, 자아를 강화시켜야 한다는 것이다. 프로이트 사후에 자아 심리학은 활발히 연구되고, 정신분석학의 주류이론이 되었다.

# 5. 주도성과 자기 통제의 조화

① 주도적으로 환경을 탐색하며 활동하는 유아들은 아직 발달적 미숙함의 모습이지만 진정한 일꾼의 모습이라 할 수 있다. 일과 주도적 활동에 몰입하는 유아들을 보면 다른 어떠한 내적 요구나 외부 사건에 방해받지 않고 실험하여 보고 창의적으로 무언가를 만들어 낸다.

② 그러나 주도적으로만 살 수 없게 된 유아들 앞에 아무리 세심하고 민감한 양육을 하는 어머니와의 관계라 할지라도 간섭이 시작되게 된다. 그런데 유아교육기관은 이제 가정에서의 간섭과는 다른 양상이 시작된다.

③ 주도성의 활동들은 이제 꼭 해야 하는 필수적인 일로 변화하기 시작한다. 일의 특성은 좋으나 싫으나 해야 하는 일이고 원래 진정한 의미에서의 일은 내재적 보상을 주는 것이란 뜻을 내포하지만 꼭 그렇지만은 않은 것이다.

④ 유아교육기관은 주도성을 활발하게 발휘하도록 도와주면서 동시에 자기통제와 함께 필수적인 〈일〉로서의 주도성도 수용하도록 이끄는 기관이 되어야 한다. 유아교육기관에서의 이러한 주도성과 필수적 〈일〉과의 조화를 이룩하는 발달 양상은 이후의 발달에 예견자일 수 있다. 이러한 조화의 실패는 유아의 자존감에 치명적인 손상이 될 수 있으며 공간 내에서의 파괴, 부주의, 반항, 게으름 등의 다양한 행동장애의 전초가 될 수 있기 때문에 매우 중요하다.

⑤ 유아들의 주도적 성향을 유아교육기관에서 일과 필요성의 활동 지향으로 방향을 돌려 지향하고 적응하는 능력은 자아통제와 함께 발달해 가야 할 매우 중요한 요인이 된다.

⑥ 가정의 어머니: 주도성과 자기통제의 조화 속에서 사회화시켜나가려고 한다. 이때부터 유아교육기관, 학교 상황에서의 주도성과 필수성의 마찰이 시작된다.

⑦ 주도성과 통제에 대한 다소 상반된 견해로서

- 성숙주의: 자발적 흥미에 자유 주기, 호기심, 스스로의 능력 강조
- 문화전달주의: 형식적 학습의 강조, 성인의 지도, 훈련된 사고능력의 모델

## 6. 다른 발달과의 연관

- 운동기술: 주도성의 발달은 운동기술이 발달하고 연마됨으로써 확장될 수 있다.
- 놀이: 운동기술의 발달이 놀이를 보다 더 정교한 형태로 확장될 수 있도록 하면서 주도성의 발달과 관련이 된다.

① 유아들에게는 자신의 활동을 스스로 시작해 볼만한 기회의 제공과 공간, 도구 등이 필요하다. 주도성은 유아가 환상과 실제 생활의 경험 속에 참여하도록 공간과 기회를 마련해 줌으로써 발달할 수 있다. 이것은 교사 주도 활동보다 유아가 먼저 시작하는 활동이 많아야 함을 나타낸다.

② 인지적 주도성은 교사가 반응해 주고 다양한 반응과 답이 나올 수 있는 질문을 할 때 고양될 수 있다. 왜, 무엇, 누가, 어떻게 같은 발문은 유아에게 있어 끝이 없는 듯하다. 그러나 인내심을 가지고 반응해 주는 것이 더 나은 호기심과 탐색을 격려하고 북돋워주며, 지식의 추구를 가치 있게 하는 일이 된다. 유아들이 고등한 정신수준에서 생각할 수 있도록 격려하는 것은 문제해결, 추론적 질문 등 인지적 호기심의 기초가 된다(Hamner & Turner, 1990).

③ 환상과 상상력을 고무하는 놀이자료는 유아가 다양한 역할을 해보며 실제에 적용하도록 돕는다. 상상놀이를 통해 역할을 시험해 보는 것이 유아들이 자신의 역할에 적합한 것에 대한 정체성을 가지려는 시도로 인정하고 보아주어야 한다. 행위자로서의 자신에 대한 개념이 지속적으로 발달하며 탐색활동이 성공적이고 즐거울 때 자기 확신과 건강한 자아 긍지감, 자아 존중감 등이 싹트고 발전하게 된다.

④ 성공적으로 주도성 대 죄책감의 갈등을 해결한 유아들은 자신의 행동을 조절하고 사회 규칙을 존중하며 도덕적 책무감을 배운다. 동시에 무언가를 시작함에 있어서 자유로움을 잃지 않으며, 그것을 다루면서 책임감도 동시에 고려할 수 있게 되는 것이다. 그러나 갈등을 해결해 본 경험이 부족하고 주도적 활동이 격려되지 못했던 유아들은 인정받지 못하는 상황이 되면 불안해하고 두려워한다.

⑤ 보행기 주도성의 신체적 모험은 복종할 것인가 저항할 것인가의 갈등단계를 만들어 낸다. 그런데 이 시기는 신체적 주도성이 주를 이루지만 이제 언어의 분화발달을 계기로 여러 가지 소리를 내는 것으로 주도성을 표출한다는 특징이 있다.

⑥ 소리를 내는 이후 어머니들의 반응을 통하여 유아들은 이 소리가, 즉 언어가 상대방 어머니에게서 또 다른 행위를 도출하게 하는 마술이 됨을 알게 된다.

이후 유아는 언어를 통하여 자신의 주도성을 표현하게 되는 것이 어떤 것인지를 알게 된다. 몸짓으로서 뿐 아니라 언어로 의사소통하고 융통성 있는 상호 표현을 가능하게 하는 매우 중요한 발달적 이정표를 갖게 된다. 이때 언어는 소통적 기능이외에도 언어를 통한 행동의 통제, 인지의 발달에 매우 중요한 역할을 하게 된다.

어린 시기에 유아들과 함께하는 소통적 언어활동이 이 이후의 발달에 매우 중요한 기능을 하게 된다.

# 7. 교육에의 적용

## ▣ 주도성 : 일 지향적 요구

① 주도성을 상실하지 않고도 일과 필수성이 요구되는 상황에 잘 적응하도록 이끄는 것이 매우 중요하다.

② 유아교육기관에서의 필수성적인 측면

- 이런 친구들이 올 줄 몰랐어
- 집에서와 달리 나는 왜 특별대우가 아니야
- 엄마, 아빠처럼 예쁘다는 표현도 자주 하지 않는 선생님
- 냉장고 문도 내 맘대로 못여는 곳

③ 유아교육기관에서 유아들의 다면적 실패는 미래 비행, 교실에서의 파괴, 부주의, 반항, 게으름과 연관, 학교에서의 성취를 무시하는 행동이 청소년기의 약물 사용과 연관될 수 있으므로 예후관찰이 매우 중요하다.

④ 유아들에게는 자신의 활동을 스스로 시작해 볼만한 기회의 제공과 공간, 도구 등이 필요하다. 주도성은 유아가 환상과 실제 생활의 경험 속에 참여하도록 공간과 기회를 마련해 줌으로써 발달할 수 있다. 이것은 교사 주도 활동보다 유아가 먼저 시작하는 활동이 많아야 함을 나타낸다.

⑤ 인지적 주도성은 교사가 반응해 주고 다양한 반응과 답이 나올 수 있는 질문을 할 때 고양될 수 있다. 왜, 무엇, 누가, 어떻게 같은 발문은 유아에게 있어 끝이 없는 듯하다. 그러나 인내심을 가지고 반응해 주는 것이 더 나은 호기심과 탐색을 격려하고 북돋워 주며, 지식의 추구를 가치 있게 하는 일이 된다. 유아들이 고등한 정신수준에서 생각할 수 있도록 격려하는 것은 문제해결,

추론적 질문 등 인지적 호기심의 기초가 된다(Hamner & Turner, 1990).

⑥ 환상과 상상력을 고무하는 놀이자료는 유아가 다양한 역할을 해보며 실제에 적용하도록 돕는다. 상상놀이를 통해 역할을 시험해 보는 것이 유아들이 자신의 역할에 적합한 것에 대한 정체성을 가지려는 시도로 인정하고 보아주어야 한다.

⑦ 성공적으로 주도성 대 죄책감의 갈등을 해결한 유아들은 자신의 행동을 조절하고 사회 규칙을 존중하며 도덕적 책무감을 배운다. 동시에 무언가를 시작함에 있어서 자유로움을 잃지 않으며, 그것을 다루는 데서의 책임감도 동시에 고려할 수 있게 되는 것이다. 그러나 갈등을 해결해본 경험이 부족하고 주도적 활동이 격려되지 못했던 유아들은 인정받지 못하는 상황이 되면 불안해하고 두려워한다.

영유아교육기관에서 교사의 도움 없이 활동을 선택하지 못하는 경우

① 나이가 어린 유아들일수록 단순하고 잘 구분된 환경이 필요하다. 즉, 영역이 잘 구분되어 있지 않고 교구들이 나와 있는 경우 2~3세 유아들은 무엇을 하려거나 활동에 참여하지 않을 수도 있다. 따라서 2~3세 유아들을 위해서는 환경을 단순하게 정리할 필요가 있다. 4~5세 유아들은 새로운 자료들이 끊임없이 제공될 때 환경에 더 많은 흥미를 갖게 되므로 교재들을 한꺼번에 내어주지 말고 계속해서 바꾸어 내어주는 것도 그들의 흥미를 끄는 한 방법이 될 수 있다.

② 유아들이 자신이 원하는 활동을 선택할 때 까지 충분한 시간을 주고 기다려준다. 자유활동시간에 유아들이 어떤 활동을 할까 망설이거나 생각하고 있을 때 억지로 활동을 택하도록 강요하지 않는다. 유아에 따라 시간이 더 걸릴 수도 있고 또 한가지 활동을 선택할 때까지 이곳저곳을 기웃거려 볼 수도 있다.

③ 유아들이 잘 보이는 곳에 자리를 잡고 앉아 있는다. 어머니나 혹은 교사와 애착이 잘 형성되어 있지 않은 유아는 교사가 보이지 않으면 불안해서 다른 곳

으로 옮겨가지 못하고 교사 옆을 맴도는 수가 있다.

④ 이 시기의 유아들은 자기 자신과 자신의 소유물에 대해서 많은 흥미를 느낀다. 따라서 교사가 이를 이용한 활동을 제공한다면 유아들이 쉽게 참여할 것이다.

### 이론 속으로

마가렛 말러는 이 시기에 아기가 어머니로부터 분리-개별화가 이루어지는 것으로 보았으며, 이를 '유아의 심리적 탄생'이라고 하였다.

**■ 마가렛 말러(Margaret S. Mahler 1897~1985)의 이론**

유아 성욕의 관점보다는 유아 의존의 관점을 더욱 중요하게 보았다. 말러는 복잡한 초기 발달과정을 체계적으로 연구했으며 이를 통해 심각한 공생적 붕괴가 미치는 파괴적 영향을 입증했다. 그녀는 정상적인 유아들과 장애유아들, 그들의 어머니들 그리고 어린 유아들과 좀 더 나이든 유아들을 광범위하게 관찰했다. 그 관찰을 통해 말러는 프로이트가 '일차적 자기애'라고 불렀던 시기, 즉 대상이 존재하지 않았던 생후 초기의 특징을 다시 규정하였다.
이 최초의 몇 개월이 지나면 유아는 '자폐적인 껍질'을 깨고 '정상적 공생관계'라고 할 수 있는 최초의 인간관계에 들어서게 된다. 말러는 아기의 정체성 형성을 돕는 어머니의 역할이 아기의 신체적 · 인지적 · 심리적 성숙에 어떤 영향을 미치는지를 연구했다. 그렇게 함으로써 그녀는 유아의 정상적인 발달과정을 추적할 수 있었다.
유아의 심리적 탄생에서 서서히 전개되는 심리 내적 발달단계들을 일컫는 말러(Mahler)의 용어로서 이 용어는 발달에 대한 이론, 과정 그리고 단계 모두에 사용된다.

분리-개별화 단계 앞에는 "전 단계"가 있는데, 이것은 커다란 중요성을 갖는다: 비교적 외부 자극에 덜 반응하는 정상적 자폐단계(탄생 시부터 10~12주까지)와 어머니와의 특별한 정서적 애착을 확립하는 정상적 공생 단계(6주에서 1년)이다.

어머니-유아의 공생이라는 말은 유아가 어머니와 자신을 '이중 단일체'로 경험한다는 것을 나타내며, 이는 유아의 행동에 바탕을 둔 추론으로부터 나왔다. 이러한 공생 안에서는 자기와 대상이 거의 정서적으로 구별되지 않는다: 어머니는 유아 자신의 자기 욕구를 만족시켜 주는 유사-확장체(quasi-extension)로 지각된다. 좌절과 만족이 교차함에 따라, 유아는 차츰 외부에 무언가가 존재한다는 사실을 인식하게 된다. 어머니와의 공생적 관계는 어머니에 대한 특정 미소 반응으로 나타난다. 유아에 대한 어머니의 의식적인 태도와, 특히 어머니의 무의식적인 태도는 유아의 자기 및 대상 세계에 대한 관념을 형성하는 중요한 기초 자료가 된다.

분리-개별화 단계의 시작(24개월까지 지속되는)은 공생이 절정에 이른 시기인 5~6개월에 일어난다. 분리는 유아가 어머니와의 공생적 이중 단일체로부터 벗어나는 심리 내적 과정을 말한다. 이 과정은 자기로부터 독립된 어머니의 정신적 표상을 형성하는 것과 함께 대상관계 발달을 포함한다. 개별화는 유아가 자신의 개별적 특성을 구별하고, 그래서 자기가 대상으로부터 구별된 일련의 자기 표상들로서 드러나는 심리 내적 과정을 말한다.

말러는 분리-개별화를 4개의 하위단계로 나누었다.

| 단계 | 내용 |
|---|---|
| ① 분화 (differentiation, 5~6개월에서 10개월) | • 이 단계 동안에 유아는 점차적으로 세상에 대해 커다란 관심을 가지며 더 많은 인식을 갖는다. 그리고 마치 공생적 단위로부터 '부화' 하는 것과 같은 행동을 보인다.<br>• 첫 단계인 부화기(Hatching)는 유아가 외부환경을 지각하기 시작하고 다른 사물을 보았다가 다시 규칙적으로 어머니를 응시하는 '2원적 시각 양상'이 나타나는 시기이다. 부화기는 생후 9개월쯤에 종결된다. |
| ② 연습(practicing, 10~15개월) | • 이 단계 동안 유아는 출현하는 인지력 그리고 운동기술을 시험하고 연습하고 신체적 분리의 경험과 그것의 심리적 결과에 대해 익숙해진다.<br>• 그러나 그들은 감정적 연료를 충전하기 위해 어머니를 필요로 한다(특히, 자신들이 지쳤을 때).<br>• 이 단계의 주된 기분은 의기양양함이다. 걸음마 아기는 자신의 전능함에 대한 믿음이 절정에 달하는데, 이것은 모성적 전능함에 대한 믿음의 정도와 비례한다.<br>• 연습(Practicing)단계는 유아가 걷기 시작하여 자신의 새로운 능력들 때문에 일종의 전능감을 느끼면서 주변 세계를 탐색하기 시작한다.<br>• 이 시기 유아는 어머니로부터 벗어나 있는 것처럼 보이지만 정신적으로는 아직도 전능한 어머니와 결합되어 있다. |

| | |
|---|---|
| ③ **재접근** (reapprochement, 16~24개월) | • 유아가 어머니(공생적 결합)와 머무르고 싶은 소망과, 분리된 개인으로서의 자율성에 대한 소망 간의 심리 내적 위기를 해결하는 단계이다.<br>• 인지발달과 함께 걸음마 아기는 어머니와 자신이 분리되었으며, 자신이 어머니를 통제할 수 없다는 고통스런 사실을 인식하게 된다.<br>• 유아는 이제 어머니를 찾기 위해 능동적으로 대응한다. 그리고 어머니를 통제하기 위해 강압적인 행동을 한다.<br>• 분리불안을 다시 경험하고 자신이 전능하지 않다는 것을 인식하는 걸음마 아기는 자존감을 상실하고, 연습 단계의 전능감을 상실한다.<br>• 이 시기에 유아가 보이는 양가감정과 서로 상반되는 경향은 보다 현실적인 자기감을 발달시키고 자신의 자율성에 대한 믿음을 개발시킴에 따라 천천히 가라앉는다. |
| ④대상 항상성(object consistancy, 24~30개월) | • 이 시기에 유아는 어머니의 정신 표상의 특질과 기능을 인식한다.<br>• 리비도적 대상 항상성을 확립한다는 것은 어머니의 정신 표상이 확고해짐으로 인해 어머니가 실제로 없더라도 어머니가 실제로 있는 것처럼 위안을 줄 수 있음을 의미한다.<br>• 어머니의 심리내적 표상은 심지어 유아가 어머니에게 화가 났거나 얼마 동안 떨어져 있더라도 긍정적인 특성이 쉽게 변화되지 않는다.<br>• 어떤 기억과 정신적 표상도 대상 사랑의 현실감을 완전히 대체할 수 없듯이, '대상 항상성의 시기'는 아마도 일생 동안 계속 되는 완성될 수 없는 과정으로 남을 것이다.<br>• 재접근(Rapprochement)단계는 생후 15~24개월 사이에 해당된다. 유아는 이 시기 동안 중요한 정신적 불균형을 경험하게 된다. 이제는 심리적 발달이 신체적 성숙을 따라잡기 때문에, 유아는 이동한다는 것이 어머니와의 공생적 결합으로부터 정신적으로 분리되는 것임을 불안하게 자각하기 시작한다.<br>• 말러는 이 시기에 기본적인 정서적 성향이 결정된다고 주장한다. 재접근 시기에 유아가 어머니로부터 수용과 정서적 이해를 제대로 받지 못하면 유아는 지속적인 우울증 성향을 가지게 될 수 있다. |

**| 표 6-1 | 말러와 프로이트 이론과의 비교**

| 개념 | 프로이트 | 말러 |
|---|---|---|
| ① 인간 정신의 기원과 연구의 초점 | 유아적 원본능 | • 어머니와의 공생적 결합으로부터 나오는 자아 |
| | 본능 충동, 억압 | • 공생적 시기 동안의 정신과정 |
| ② 치료와 교육의 진행 | | • 유아와 양육자의 치료적 협력관계가 잘 성립되었다면 그 자체가 이미 치료적임<br>• 효율적인 정찰대로서 작업하면서 유아는 자신을 더 잘 관찰하고, 단순히 반응적이 아니라 반성적이며, 자기가 필요로 하는 것을 언어로 표현함으로써 욕구의 직접적인 충족을 보류하는(하트만이 말하는 욕동 중립화와 동일한 과정) 능력을 발전시키고, 곧바로 행동을 취하기보다 예상되는 결과를 고려할 수 있는 자아 기능을 갖게 된다. |
| ③ 정신구조의 확립 | 관계의 역할이 미미하다. | • 관계의 동맹을 통해 더욱 공고하게 될 수 있다.<br>• 양육자와 유아의 관계는 유아에게 미친 부모의 잘못된 영향력을 치유할 수 있는 양자단일체적인 단위로 간주되었다.<br>• 치유과정은 양육자와 유아가 협력해야 할 작업일 뿐만 아니라, 하나의 성장 경험으로 이해되고 있으며(유사 부모와 같은) 양육자와 유아의 관계는 초기 발달적 경험을 교정하는 기회를 제공하는 것이어야 한다. |
| ④ 자아의 기능, 역할 | • 유아는 자신의 문제에 대한 무의식적 원인을 내보인다.<br>• 자아는 단지 정신의 다른 강력한 힘들 사이에 껴서 부대끼는 존재, 자아는 '초자아'나 이드와 같은 정신구조의 대립 속에서 결정되는 존재라는 입장으로 본다. | • 자아가 단순히 다른 정신구조들의 전쟁터가 아니라, 그러한 힘들의 조정자로서, 내부의 욕망과 외부의 현실에서 사람을(상처받지 않게) 조정하고 지키는 역할을 한다고 보았다.<br>• 상호관계에서 단순히 무의식의 통찰뿐이 아니라, 자아는 유아 자신을 지키는 역할을 하는 것이기에, 통찰된 무의식적 욕구와 외부의 현실의 조정능력을 다시금 '훈습'해야 할 필요성을 강조한다. |

Chapter

# 07

# 코헛 이론과 유아교육

## -공감으로 돌보기-

어머니는 아기의 요구에 따라 세상을 만들어 주는 것뿐만 아니라, 아기가 요구를 하지 않거나 욕구를 느끼지 않을 때 아무것도 하지 않으면서도 아기와 함께 있어 주어야 한다.

아기는 이 순간에 누구의 필요도 느끼지 않는 완전한 비통합의 상태, 즉 욕구들과 자발적인 몸짓이 거기로부터 나오는 '존재의 연속성(going-on-being)'의 상태를 경험하게 되는 것이다. 이때 어머니가 '아무것도 요구하지 않고 함께 있어 주는 것'이 매우 중요한데, 그럴 때만이 아기는 편안하게 홀로 있음의 상태를 경험하게 되는 것이다.

이러한 능력은 개인발달에 있어서 필수적인 요소이다. 아기는 자신이 전능하다는 환각을 충분히 경험하고 나면 자신의 통제밖에 있는 현실을 배우고 자신의 한계를 배우게 된다. 이것은 '어머니의 실패'로부터 시작된다.

어머니가 아기의 요구에 따라 세계를 다 제공해줄 수 없다는 실패를 경험하고 나서 아기는 현실과 한계를 알게 되고, 자신이 할 수 없는 것과 창조할 수 없는 것이 있다는 사실을 배우게 되는 것이다.

유아가 성숙해짐에 따라 어머니는 '분리되면서도 활발한 상호작용'을 해주어야 한다.

유아의 수동적이고 환각적인 원망을 실현해 주던 초기의 어머니는 이제 몸짓과 신호를 통하여 유아가 실제로 표현하는 욕구에 반응해주는 어머니로 변해야 하는 것이다.

위니콧은 이러한 과정을 어머니의 '적응의 점진적인 실패'라고 하면서 유아가 자신의 자아를 분리 발달시키는 과정에 본질적인 요소라고 보았다.

# 1. 치료로서의 공감

첫째, 공감은 유아의 성장과정에 있어서 유아의 주관적 경험의 세계에 이를 수 있는 가장 좋은 통로가 되며 공감의 방법론을 통해서 양육자는 유아의 내면세계의 진실에 도달하여 치료적 자료들을 수집할 수 있다.

둘째, 공감을 통하여 양육자와 유아는 심리적 결속을 강화하며 성장과 치료에 가장 중요한 요소인 발달의 결핍을 보강해 주는 심리적 산소로서의 자기 대상의 역할을 충실하게 수행할 수 있다.

셋째, 공감은 한 사람에게 있어서 심리적 건강도를 유지할 수 있는 심리적 산소로서의 역할을 하게 된다. 코헛은 한 걸음 더 나아가 공감에는 낮은 수준의 공감으로서의 이해와 높은 수준의 공감으로서의 해석이 있음을 말한다.

- 수용해주는 자기 대상: 자신의 과대적 자기를 확인받고 싶은 욕구 충족, 자신과 비슷한 동료로서의 자기 대상의 욕구
- 이상화된 자기 대상: 다르고 싶고 되고 싶은 자기를 실현하고 싶은 이상화의 욕구 충족

인간은 결코 타인과 분리된 육체적, 심리적, 사회적 독립체가 아니라는 점과 인간의 정서적 · 심리적 건강을 위해서는 절대적으로 자기 대상이라는 관계의 경험이 필요, 자기 대상의 관계 경험에는 타인의 모습을 있는 그대로 비춰주고 인정하며 수용해주는 공감적 이해가 필수적임을 강조하고 있다(홍이화, 2016).

## 2. 공감기능의 자아 형성과정

자신의 이중적 자기 구조(bipolar self)의 개념을 강조, 과대적 자기의 축과 이상화된 자기의 축(거품자아)이 건강하게 구축되기 위하여 자기 대상과의 건강한 관계의 경험이 필수적 요인이 됨을 강조하고 있다.

출생 직후 유아는 어머니를 자신의 자아 일부인 것처럼 경험한다. 아직 너(대상)와 나(자아)를 구분할 수 없다. 이것을 말러는 어머니와 유아의 하나된 단계라고 하였는데, 코헛은 대상과 자아가 분리되지 않고 하나로 느낀다는 의미에서 〈대상자아〉라고 하였다(박경순, 2011).

### 1) 8개월

① 영아의 주관적인 자아 감각이 발달되기 시작하면서 나르시시즘이 절정에 도달하게 되는데, 이것은 참자아가 아닌 과장된 자아로 이것을 과대 자아・거품 자아라고 하였다.

② 영아는 나르시시즘 속에서 세계를 자신의 것으로 경험하기 때문에 어머니는 유아의 위대함, 완벽함의 요구를 인정해주고 반응해주며 어머니의 전지전능함의 이미지를 통합할 수 있도록 도와주어야 한다. 이러한 나르시시즘의 과정에서 과대 자아가 형성되는데, 이러한 과대자아가 수용되고 어머니가 이런 모습을 즐길 때 비로소 유아 내부에서 변형되기 시작한다.

③ 과시적 요구와 과대적 환상을 감소하고 자기 현실의 한계를 인정하며 과대자

기의 요구들은 현실적 기능과 자존감이 주는 즐거움으로 대치된다. 과시주의는 영아의 자기애적 자기가 느끼는 정상적인 경험이다. 다른 사람이 자신을 향해 감탄하기를 갈망한다. 강하고 위대하다는 초기 자기애적 환상이 외상에 의해 공격받지 않고 점차적으로 자아의 현실 지향적 조직으로 통합되면 자아는 그 힘을 삶의 적응을 위해 사용할 수 있게 된다. 이런 과대감이 자아 안에 통합되어 자신감 있는 건강한 활동과 성공을 즐길 수 있는 능력이 된다.

④ 이상화된 어머니상이란 어머니가 자신을 이상화시키는 영아의 시도를 수용해주고 이상화된 대상으로서 영아를 과도하게 실망시키지 않고 관계가 이어져야 할 것을 제시하는 것이라 볼 수 있다.

⑤ 영아는 어머니를 이상화하고 이상화된 대상으로부터 보호받으며 긍정받는 경험을 통해 현실에서 느끼는 좌절과 결함에 직면하였을 때 무력감과 공허감을 느끼지 아니하고 강한 힘을 느낄 수 있게 된다. 이상화된 어머니상과 자기를 동일시하게 되고 차츰 그 이상화된 어머니상을 내면화하여 자기 이상으로 삼게 되는 것이다.

### 2) 2세

거품자아는 점차적으로 에고의 복잡한 거미줄 같은 기능 속으로 통합된다. 나르시시즘의 충족을 통해서 유아는 자신이 이 세상에서 가장 취약한 존재임을 느끼기 시작하면서 나르시시즘의 거품이 감소하기 시작한다. 이 과정에서 유아는 어머니를 전지전능한 존재로 보게 되고 어머니의 이상화된 이미지가 자연스럽게 형성된다.

### 3) 3세

유아는 인지능력이 발달하면서 어머니가 완벽하지 않다는 것을 인식하게 되며 어머니에 의해 행해졌던 것들을 배우게 되는데, 이것이 내면화 과정이다. 미세한 내면화의 연속된 과정을 통해서 거품자아였던 과대자아는 자신의 자아에 통합되어 야심으로 변하고 동시에 이상화된 어머니의 이미지는 자아 이상화에 통합되어 이상으로 변한다.

### 4) 4~6세

이상적인 어머니상에서 내면화된 자아 이상화는 초자아에 일부가 통합되어 사랑과 존경을 가진 양심으로 성숙되고 일부는 이상 자아로 변하며 야심은 자긍심의 구조로 통합된다. 유아의 자아 속에 이상과 목표, 양심이 자리 잡게 된다. 그러므로 이러한 유아의 자아 속에는 주도적 자아, 지각적 자아, 야심적 자아, 이상적 자아 등이 서로 작용할 수 있게 되는데, 이러한 자아들이 긴밀한 유대감으로 연결되어 자아 응집력이 생긴다.

**이론 속으로**

**■ 코헛의 이론**

**1. 하인즈 코헛(Heinz Kohut, 1923-1981)의 자기 심리학**

1940년 코헛은 미국으로 이주하여 시카고 대학에서 신경의학과 정신분석학을 전공하게 되는데, 이것도 역시 프로이트의 영향이라 할 수 있다. 그는 정신분석가로서의 훈련을 시카고 정신분석 연구소(Chicago Institute for Psychoanalysis)에서 받았고 평생을 그곳에서 임상과 교육으로 연관을 맺게 된다. 임상가로서 그리고 교육가로서 활동하던 초기의 코헛은 아직 자신의 독특한 정신분석의 이론인 자기 심리학을 주장하기보다는 프로이트의 충실한 제자였다. 이 시기의 코헛은 'Mr. Psychoanalysis'라는 별명을 얻을 만큼 전통적 프로이트 정신분석의 이론에 기반을 둔 임상과 교육의 활동을 하였다.

## 2. 코헛의 자기 심리학의 4단계

| 연구 과정 | 내용 |
|---|---|
| ① 방법론 계발기<br>(1950~1959) | • 이 시기에 코헛은 시카고 정신분석 연구소의 교수로서 그리고 분석가로서 활발한 활동을 펼치며 자신의 독창적 이론 성립을 위한 준비기로 보낸다.<br>- 코헛: 환자의 내부세계의 입장에서 그의 감정과 사고 경험의 체계를 이해하려는 내부로부터의 관찰의 방법(Introspection)을 자신의 임상적 자료 수집과 환자치료의 중심적 방법론으로 채택하고 있다. 내성법과 공감법으로의 전환을 꾀했다.<br>- 프로이트: 과학적, 합리적, 객관적 방법론인 외부로부터의 방법론(Extrospection) 사용, 자유 연상과 저항 중심의 해석<br>• 코헛의 인간 이해는 보다 따뜻한 주관과 감정의 교류가 내포된 관계적 틀 안에서의 인간 이해이며 이러한 인간 이해를 기초로 한 내성적-공감적 치료의 방법론으로만 비로소 한 인간의 삶의 중심에서 들려오는 삶의 진정한 문제의 근원을 들을 수 있다고 보았다. |
| ② 나르시시즘의 전이현상분석과 구체화 시기<br>(1960~1966) | • 이 시기에는 나르시시즘(Narcissism)에 대한 이론을 나르시시즘적 성격장애의 치료에서 나타나는 전이의 현상을 중심으로 분석해 감으로써 구체화시키는 단계이다.<br>• 자기애적 성격장애를 지닌 환자들은, 특히 임상의 상황에서 특수한 자기애적 전이를 많이 일으키게 된다.<br>• 즉 자기애적 성격장애를 지닌 환자들은 자신들의 발달과정에서 성취하지 못한 발달의 결핍적 요소들을 치료의 상황에서 교사와의 관계를 통하여 전이를 활성화하며 자신을 표현하게 된다.<br>• 치료<br>- 발달 결핍(Developmental Deficit)에 기인한 자기애적 전이의 퇴행과정과 증상들을 명확히 구별, 공감, 새로운 관계 형성, 환자의 인격체계 안에서 어떻게 다시 재구성될 것인가? 의 문제가 중요하였다.<br>- 프로이트: 통찰적 접근과 그에 따른 자기 갈등의 억압으로부터의 해방, 억압된 본능의 해방과 그를 통한 만족감을 추구, 오이디푸스 콤플렉스에 의한 전이<br>- 코헛-어린 시절의 발달과업의 미숙으로 인한 정서적 자기결함을 교사와의 새로운 관계의 경험을 통해 다시금 재급유 받아 보강시키는 자기의 재결집, 발달 초기(즉, 전 오이디푸스 시기)의 발달 결핍에 의한 거울전이 |

<table>
<tr>
<td>③ 나르시시즘 연구 시기(1966~1977)</td>
<td>
• 논문 1 "Forms and Transformations of Narcissism)"<br>
- 이상화된 부모의 이미지가 어떻게 자기애적 성격장애의 인격구조 안에 편입되는가를 논하고 있다. 유아들은 발달과정에서 힘, 아름다움, 선함, 완전함 등을 부모의 모습에 투사하며 궁극적으로는 이러한 투사된 덕목들을 성장과정에서 내면화와 변형화의 과정을 통해 이상화된 부모의 이미지를 자신의 인격구조 안에 간직하게 된다.<br>
- 이러한 과정을 거쳐 형성된 자기애적 자기(Narcissistic Self)는 한 개인의 인격구조 안에서 세상을 향한 야망과 자신에 대한 과대적 환상의 기초를 형성하게 된다.<br>
• 논문 2 "The Psychoanalytic Treatment of narcissistic Personality Disorders: Outline of a Systematic Approacn"<br>
- 코헛은 그의 자기 심리학이론의 가장 기초 개념들인 자기애적 전이의 현상들–이상화 전이(Idealizing Transference)와 거울 전이(Mirroring Transference)–을 임상적 경험의 환경 안에서 설명하고 있다.<br>
• 이상화 전이: 이상화된 부모의 이미지와 관련된 전이의 현상<br>
• 거울 전이: 유아기 시절의 과대적 자기와 관련된 전이의 현상<br>
• 논문 3 "The Analysis of the Self"<br>
- 자신의 일관된 방법론인 내성적 공감의 방법론을 통하여 임상의 현장에서 발견되는 유아들의 전이현상들을 분석하며 유아의 자기구조 안에 깃들어 있는 발달 결핍과 그에 따른 전이현상들을 치료에 활용해야 한다.<br>
- 분석가는 전통적 프로이트 방식의 중립적이며 객관적 대상으로서 존재하는 것이 아니라 유아의 결핍된 자기애적 상처에서 나오는 대상을 찾는 욕구를 심리적 산소로서 공급해 주는 유아의 자기 대상(Selfobject)이 되어야 함을 강조하고 있다.<br>
• 논문 4 "Thoughts on Narcissism and Narcissistic Rage<br>
- 나르시시즘과 공격성에 대하여 초점을 맞추고 있다. 코헛은 자기애적 성격장애에서 흔히 볼 수 있는 자기애적 분노의 기전, 형태, 경험, 자기애적 분노는 응집력 있는 건강한 자기(Cohesive Self)의 구축에 실패한 인격구조의 산물이며 이는 근원적으로 유아기적 발달의 결핍에서 비롯된 것으로서 그 핵심에는 유아기의 과대적 자기와 이상화된 자기의 출현에 적절히 응답하지 못했던 중요한 타인들(부모들)의 자기 대상(Selfobject)의 실패에서 기인됨을 밝히고 있다.
</td>
</tr>
</table>

| | |
|---|---|
| ④ 자기 심리학 완성시기 (1978~1981) | • 프로이트: 신경증의 원인은 4~6세 사이의 심리-성적 발달 과제인 오이디푸스 콤플렉스의 실패로 인한 만족되지 못한 내적 욕구의 불충분에 기인된 심리적 갈등의 구조, 병인론이 유아들의 심리-성적 발달의 단계에서 해결하지 못한 리비도의 갈등의 잔재, 인간 이해는 인간에 대한 결정론적, 부정적, 양면적, 프로이트의 인간은 언제나 과거의 사슬에 메여 갈등하며 고통받는 인간, 즉 죄된 인간(Guilt man)이다.<br>• 코헛: 자기애적 성격구조를 지닌 사람들은 발달의 초기에(전오이디푸스 기간인 4세 이전) 자기를 구축하는 데 절대적으로 필요한 자기 대상(부모)이 유아의 발달적 욕구(이상화 대상과 거울 대상)에 공감을 주며 응답하는 데 실패함으로써 건강한 응집적 자기를 구축하는 데 실패하고 그 취약한 자기의 구조가 상처 입은 자기애적 자기(Narcissistic Self)를 형성. 관계의 실패이다.<br>- 즉, 유아들은 출생 이후 건강한 자기 구조를 지니기 위해서 끊임없이 심리적 산소(Psychological Oxygen)로서의 자기 대상의 적절한 사랑과 공감적 응답을 요구하는데, 부모의 무관심이나 공감적 실패로 인하여 이러한 유아들의 대상욕구를 만족시키지 못함으로써 유아는 건강한 응집적 자기를 구축하는 데 실패하게 되고 그 결과 파편화된 자기의 취약한 자기 구조로서 일생을 살게 된다는 것이다.<br>- 파편화된 자기구조: 부모들의 어린 유아들에 대한 공감의 결여와 충분한 사랑의 결여는 결국 한 인간이 성숙의 과정에 필요한 충분한 심리적 자원을 박탈하게 되는 것이며 그 결과 그 인간은 이러한 발달 결핍을 충족시키고자 성인이 되어서도 끊임없이 자기 대상을 찾아 방황하는 자기애적 성격장애 환자가 될 수 있다.<br>- 전이를 통해서 활성화되기 때문에 코헛은 치료적 상황 안에서의 전이를 치료적 수단으로서 매우 중시<br>- 인간 이해의 측면에서 통전성을 지닌 인간으로 본다.<br>- 코헛의 인간은 통일된 자기를 지니고 자기를 힘 있게 주장하면서도 다른 사람들과 합일을 이룰 줄 아는 인간, 즉 독립적이고 응집적이며 관계 안에 있는 인간인 것이다.<br>- 코헛의 인간은 관계의 그물망 안에서 태어나고 관계 안에서 자라다가 관계 속에서 죽는 관계적 인간인 것이다. |

# 3. 교육에의 적용

## 1) 행동으로 표현 되는 수용과 공감이 양육자의 일상이 되도록 해야 한다

- 경청하는 전체적인 태도
- 얼굴 표정, 고개 끄덕임 등의 행동
- 말의 어조, 억양, 빠르기

## 2) 적절한 언어로 표현되는 수용과 공감이 때에 따라 적극적으로 표현한다

- 잘 못하니까 유치원에 와서 많이 놀고 배우는 거지, 못한다고 걱정하지 말자
- 누구든지 처음부터 잘하는 사람은 없단다.
- 선생님은 너희들을 도와주려고 있는 사람이란다. 언제든지 선생님한테 ”도와주세요“ 하면 된단다.

Chapter 08

# 클라인 이론과 유아교육

## -상상력 북돋워 주기, 양가감정 다루기-

# 1. 환상, 상상 북돋워주기

## 1) 중간 대상과 중간 현상

유아가 구강기적 흥분이나, 장난감에 애착을 갖는 사건 등은 대상의 성질, 유아의 인식능력, 대상이 위치한 장소, 다정하고 느낌이 좋은 어떤 형태와의 대상관계 시작 등의 내용을 포함하는 그 무엇이 있다고 할 수 있다. 또한 그러한 사건들 사이에는 중간 영역의 경험이 있다. 즉, 아기의 옹알이와 잠들기 전 부르는 노래나 곡들, 아기의 몸의 일부는 아니지만 아직 외적 실재에 속한 것으로 완전히 인식되지 않는 대상들의 사용에 관한 것들이 모두가 중간 현상의 영역에 해당한다.

즉, 이것들이 어느 정도 어머니를 대신할 수 있는 것들이다. 아기가 잠들려고 할 때 결정적으로 중요한 것이 되고, 불안, 특히 우울한 형태의 불안에 대한 방어로 사용되는 것이다. 이 대상은 아기에게 계속해서 중요한 것이 된다. 부모는 그 대상의 가치를 알고 아기를 돌볼 때 허용하며, 여기저기 다닐 때 그것을 함께 가지고 다닌다. 어머니는 그것이 더러워지고 심지어 냄새가 나더라도 그대로 두는데, 그 이유는 그것을 세탁함으로써 유아의 경험의 연속성을 깨뜨리게 된다는 것, 그리고 그 깨뜨림은 그 대상이 유아에게 가지는 가치와 의미를 파괴시킬 수 있다는 것을 알기 때문이다. 그러나 충분한 보살핌을 받으며 성장하면서 그 의미는 자연스럽게 퇴색하게 되고 상실된다.

## 2) 중간 대상 인정하기

양육자는 먼저 중간 대상에 대한 올바른 이해가 있어야 한다. 즉, 중간 대상이 유아의 환상에 의해 창조된 것임을 인정하면서도 동시에 그것이 객관적인 현실을 담은 대상임을 인정하여야 하는 것이다.

그리하여 그 대상에 대한 유아의 권리를 인정하고 중간 영역을 창조할 수 있도록 도와주어야 한다.

만약 어머니가 유아가 창조해 낸 중간 대상을 더럽고 냄새난다고 하여 세탁을 하거나 버린다면 그것은 유아의 경험의 계속성을 깨뜨리는 것이며, 유아가 그 대상에 가지는 의미와 가치를 파괴하는 것이 될 수 있음을 인식하는 것이 필요하다.

그러므로 어머니는 유아가 스스로 이 영역을 확대하여 중간 대상 의미를 스스로 상실할 때까지 기다려 주는 것이 필요하다.

## 3) 중간 대상의 중요성

중간 현상의 중요성은 그 대상 자체에 있는 것이 아니라, 자신이 전능하다는 환각으로부터 객관적인 현실 인식으로 발달해 가는 중간 지점이라는 중간적 성격에 있다.

위니콧은 전능 환각과 현실 지각이 서로 완전히 다른 상태라는 사실을 지적한다. 중간 대상들은 상반되는 이 두 세계를 매개하는 제3의 영역을 형성한다. 그는 중간 대상이 형성되기 위해서는 그것의 기원과 성질에 대해서 묻지 않는다는 성인과 아기 사이의 무언의 약속이 필요하다고 주장한다.

중간 대상은 발달적인 간주곡일 뿐만 아니라 건강한 성인의 삶에서도 매우 소중한 영역으로 성인의 취미활동, 문화영역으로 자연스럽게 확대된다.

## 이론 속으로

### ■ 멜라니 클라인(Melanie Klein, 1882~1960)의 이론

첫 번째로 클라인의 이론에서 '편집적-분열 자리(paranoid-schizoidposistion)'는 생후 4개월간 지속되며, 이 시기에 영아는 어머니로부터 박해를 받지 않을까 하는 공포심을 가진다. 이러한 환상은 영유아가 선한 어머니와 악한 어머니가 서로 다른 존재가 아니라 같은 사람이라는 것을 알게 될 때까지 계속된다.

두 번째는 '우울적 자리(depressive position)'이다.

이 시기에는 '편집적- 분열 자리에서 가졌던' 환상을 포기하게 된다. 그러면서 포기함에서 오는 자신의 무능력을 이상화시킨 어머니와의 융합으로 극복하려 한다. 우울적 자리는 죽어가는 또는 죽은 대상들을 포함하고 있다고 느껴지는 불안을 갖는다. 우울적 자리는 인격발달의 한 단계로 인격구조의 핵심 부분이 형성되는 시기이므로 이때 성취되어야 할 중요한 과제는 자아의 핵심에 '충분히 좋은(good enough)'대상이 내면화하여 건강한 자아를 형성하는 것이 중요하다.

| 연구과정 | 내용 |
|---|---|
| ① 클라인 생애 | • 멜라니 클라인(Melanie Klein)은 세계에서 가장 영향력 있는 정신분석가 중 한 사람이다. 그녀는 1882년 비엔나에서 라이제스(Reizes) 가문의 4남매 중 막내로 자라났으며, 21세에 아더 클라인(Arthur Klein)과 결혼하여 세 아이를 두었다. 가족들은 1910~1919년까지 부다페스트에서 살았다.<br>• 그녀는 5세 때 여동생의 죽음에 이어 곧 남동생의 죽음도 경험해야 했다. "이 상실은 그녀의 첫째 아들이 사고로 죽었을 때 생생하게 되살아났으며, 아마도 평생 클라인을 우울하게 했던 원인이 되었을 것이다"(Katz, 1985).<br>• 그녀는 만성적인 우울증 때문에 페렌치(Ferenczi) 에게 치료를 받았고, 1921년에 남편과 헤어져 1923년에 이혼했으며, 그 후 아이들과 함께 베를린에서 살았다. |
| ② 이론 형성의 과정 | • 클라인은 전생식기에 초점을 맞추고, 환경의 영향보다 선천적 요인의 중요성에 대해 말했으며, 여성의 초기 성적 발달이 갖는 특수성을 강조했고, 불안에서 공격성이 담당하는 역할을 부각시켰다.<br>• 이러한 그녀의 생각은 존스를 비롯한 영국학파 학자들의 생각과 거의 일치하는 것이었다. 영국 정신분석학회 안에는 클라인학파가 형성되었다. |

| | |
|---|---|
| | • 그러나 생애 초기의 환상과 정신과정에 관한 그녀의 이론은 여전히 논란의 대상이 되곤 했으며, 특히 그녀와 다른 견해를 가지고 있었던 안나 프로이트가 런던에 정착한 후에는 더욱 그러하였다.<br>• 이 두 유아 분석가는 강력한 경쟁관계를 유지했다. 현재까지도 영국 정신분석학회는 비록 공식적인 분열은 피하고 있지만, 클라인을 지지하는 사람들과 안나 프로이트를 지지하는 사람들 그리고 중도 그룹(독립파)으로 분명하게 구분된다.<br>• 클라인학파가 형성되고 이것이 지속적으로 탄탄하게 유지될 수 있었던 것은 부분적으로 클라인 자신과 몇몇 유능한 지도자들 덕택이었다. 영국을 거점으로 해서 그녀의 영향력은 주로 유럽과 남아메리카로 전파되었다. |
| ③ **이후의 영향** | • 클라인의 환자들(유아와 성인 모두)과 그녀의 추종자들은 심각한 장애를 입은 정신병적 개인들이었다. 따라서 그녀의 생각은 다른 학파의 분석가들이 상대적으로 소홀히 했던 심각한 장애를 지닌 환자들을 이해하는 데 커다란 도움을 주었다.<br>• 더욱이, 클라인은 다른 정신분석가들보다 더 꼼꼼하게 공격적 욕동의 변천과정을 추적하였고, 그녀의 이러한 접근은 자아 심리학의 개념과는 대조적으로 심층적인 무의식, 심층 그리고 보다 원시적인 욕동과 정신 기제로 관심을 되돌렸다는 점에서 많은 사람들의 호응을 받았다.<br>• 그러나 미국에서는 하트만(Heinz Hartmann), 크리스(Ernst Kris), 뢰벤스타인(Rudolph Loewenstein), 라파포트(David Rapaport)의 영향 아래, 자아 심리학이 더 많은 호응을 받았다.<br>• 인간은 자신의 파괴성과 시기심이 스스로 파편화시키려는 것에 저항하고 그 자신과 그의 타인에 대한 경험을 통합하려고 분투하는 존재이다.<br>• 죽음의 본능과 파괴의 공격성이 출생 때부터 있으며 유아 심리에서 중요한 역할을 한다고 보았다.<br>• 클라인은 대상, 죄책감, 불안, 환상 그리고 나중에 자신이 초기 공격성으로 이론화한 죽음 본능에 관심을 갖게 되었다. 그녀의 연구는 "초기 발달에 관한 연구의 중요성을 새롭게 부각시켰을 뿐만 아니라 정신증의 치료를 위한 새로운 지평을 열었다"(Turkle, 1986).<br>• 그녀는 자신이 유아치료를 위해 개발한 놀이 기법을 통해서 "환상 속의 부분 대상들로 가득 찬 유아의 내면 세계를 새롭게 발견할 수 있었다. 그녀는 원시적인 무의식 환상, 불안 그리고 방어에 대해 깨닫게 되었다. 생애 초기의 원시적 기제들에 대한 그녀의 이해 덕 |

분에 경계선 환자와 정신증 환자를 정신분석적으로 치료할 수 있는 길이 열리게 되었다"(Segal, 1986).

- 유아들이 파괴적 공격성과 연관된 환상으로 몸부림치는 과정은 편집-분열로의 처리, 투사적 동일시의 두 과정으로 자아 변화의 여정이 나타난다고 보았다. 프로이트가 성인 안에 유아를 발견했다면 클레인은 유아 안에 있는 유아를 발견했다고 할 수 있다.
- 유아의 심리치료를 통해, 클라인은 환자가 실제 부모와 맺고 있는 관계가 아니라 환상 속의 인물, 즉 내면의 부모들과 맺고 있는 관계가 분석가에게 전이된다는 사실을 발견했다.
- 따라서 그녀는 유아와 성인의 정상적 발달 및 병리적 발달에서 초기 내적 대상관계가 매우 중요하다는 점을 깨달았다. 그녀는 초자아 형성은 이전에 생각했던 것보다 더 일찍 시작되며, 유아가 편집-분열적 자리(paranoid-schizoid position), 우울적 자리(depressive position)로 불리는 두 개의 발달적 단계를 거친다고 믿었다.
- 이 두 자리 개념은 본능의 단계에 관한 프로이트의 모델을 한 단계 뛰어넘고 있는 개념이다. 단계 개념 안에서는 서로 다른 심리성적 발달의 단계들이 함께 존재하는 것이 모순이지만, 자리 개념 안에서는 몇 가지 대상관계가 결합되어 나타나거나 교대로 나타날 수 있다.
- 그녀가 말하는 자리는 욕동, 방어들 그리고 정서적으로 채색된 대상관계의 혼합물을 일컫는다. 편집-분열적 자리와 우울적 자리를 발달의 단계들로 볼 수도 있지만, 자리라는 용어는 단순히 지나가는 단계가 아니라 "특정한 대상관계 유형, 불안 그리고 방어가 전 생애 동안 지속된다는 특성을 갖는다.
- 우울적 자리는 결코 편집-분열적 자리를 완전히 대체하지 않는다. 통합은 결코 완전하지 않다. 우울적 자리에서 발생하는 갈등에 대한 방어는 편집-분열적 자리로의 퇴행을 초래할 수 있다. 따라서 개인은 항상 두 자리 사이를 오갈 수 있다"(Segal, 1973).
- 오이디푸스 콤플렉스의 핵심인 거세 불안은 성기를 잘릴지 모른다는 두려움보다도 부모의 처벌에 대한 두려움으로 해석해야 한다.
- 유아는 음욕 때문에 죄의식과 불안을 느끼는 것이 아니라 어머니에 대한 공격적 상상 때문에 죄의식을 느낀다. 유아의 내면세계는 어머니의 처벌에 대한 상상으로 가득 차 있다.
- 유아의 마음에 심어져 있는 어머니와의 관계 이미지가 외부 사람과의 관계를 형성한다. 어머니와의 관계 이미지로부터 외부 세계의 다른 사람과의 관계에 영향을 미치게 된다.

| | |
|---|---|
| | • 욕구는 신체에서 나오는 것이 아니라 복잡한 감정, 즉 마음에서 나온다. 어머니의 사랑과 보살핌은 유아의 마음속에 사랑과 즐거움을 느끼게 만들고, 미움과 벌은 유아의 마음속에 미움과 증오심을 심어 파괴적이고 공격적으로 만든다.<br>• 생의 최초 1년 동안 발생하는 어려움의 주 원천은 영아가 가장 중요한 대상에 대해 본래부터 지니고 나오는 양가감정이다.<br>• 유아는 애정 대상에게 사랑을 갈망하기도 하고 대상을 잃을까 두려워하는 상태를 반복적으로 경험하면서 서서히 책임을 받아들이고 보상을 받음으로써 감정들을 극복한다.<br>• 유아기 때 이러한 감정과 적절하게 타협하지 못한 경우 안정된 내적 이미지를 갖기 어려우며 이후 어른이 되어서도 상실감, 슬픔, 낮은 자존감 등을 가질 수 있다.<br>• 어머니와 아기의 초기 단계가 나쁜 대상 이미지로 심어지면 그곳에서 분리되어 나오는 자아 이미지도 나빠진다. 어머니와 비자연적으로 분리되면 사랑의 박탈을 느껴 병든 자아가 생긴다. |
| ④ 클라인 이론의 논란과 비판 | • 클라인의 이론은 이론적 용어로 진술되었음에도 불구하고, 임상적 사고와 이론적 사고가 혼합되었다는 비판을 받아왔다. 특히, 유아와 성인 환자들이 보이는 부정적 전이와 공격적-파괴적 충동은 즉시 해석되어야 하며, 그 해석은 치료적 동맹의 형성을 방해하지 않을 수 있다는 그녀의 가정에 대해서는 많은 반대들이 있어 왔다. 이 외에도 다음과 같은 몇몇 클라인의 생각은 많은 논란을 불러일으켰다.<br>· 선천적인 죽음 본능과 이것의 초기 표현으로서의 시기심<br>· 신생아가 어떤 지식을 가지고 태어난다는 생각<br>· 심리내적 발달이 생후 1년 안에 이루어진다고 봄으로써 후기의 자아와 초자아발달을 상대적으로 무시한 점<br>· 현실의 중요성을 최소화하고 거의 유일하게 전이에만 초점을 맞추는 치료기법<br>· 성격 분석을 간과한 채 무의식적 환상에 대해 곧바로 심층적인 해석을 제공하는 것<br>· 유아의 놀이를 성인 환자의 자유 연상과 동등한 것으로 본 점<br>• 클라인은 프로이트와 달리 자아는 태어나면서부터 존재한다고 보아 정신활동에 있어 특히 무의식적 환상을 갖는 것은 출생 직후부터 가능한 것으로 가정하였다. 클라인은 자아가 초기적인 형태로 탄생의 순간부터 존재한다고 주장한다.<br>• 미숙한 영아의 자아는 첫날부터 외부세계를 지각하고, 외부세계에 반응하며 심지어는 외부세계를 환상화한다. |

| | |
|---|---|
| | • 클라인은 영아가 환상과 실재의 복합적이고 내적인 활동과정을 통해서 환경과 반응하는 것으로 보며, 이때 환상은 공격성에 의해서 형성된 선천적 역동의 정신적 표상이라고 생각하였다.<br>• 클라인은 본능이 작용하는 것처럼 환상은 처음부터 두 본능-생명본능과 죽음 본능-활동의 정서적 표현이라고 믿는다.<br>• 환상활동은 자아가, 자아의 기본적 기능의 하나인 대상관계를 형성할 수 있게 하는 방어기제 투입과 투사 밑에 깔려 있다고 주장하였다. 영아는 어머니(젖가슴)가 실제적으로 자신의 욕구를 만족시켜 줄 때 어머니(젖가슴)를 사랑하고 젖가슴과의 관계 안에서 즐거운 환상을 가진다.<br>• 그러나 만약 젖가슴이 만족을 주지 못하여 젖가슴에 대해 좌절을 느낀다면, 영아는 젖가슴을 공격하는 파괴현상을 가진다. 영아는 환상 속에서 자신의 어머니와 어머니 젖가슴을 깨물고 물어뜯고 하면서 어머니를 파괴시키기를 원한다.<br>• 클라인의 이론에서 영유아의 일차적 대상인 젖가슴은 좋은 젖가슴(good breast)과 나쁜 젖가슴(bad breast)으로 분리되어 내재화된다. 나중에 발달이 진행됨에 따라 이들 대상들은 좋은 환상과 나쁜 환상으로 조직화되어 나타나는데, 자기를 좋고 나쁘게 보는 것은 결국 각 개인의 내부 정신세계에서 좋은 대상과 나쁜 대상이 어느 쪽이 더 우세하느냐에 달려 있다.<br>• 만약 이런 분리현상이 지속되면 나중에는 동일한 대상에서 이 두 가지 모두를 경험하지 못하게 되므로 결국, 다른 사람들을 전적으로 좋은 면만 갖춘 사람이나 아니면 전적으로 나쁜 면만 갖춘 사람으로 극단화시켜 보게 된다.<br>• 클라인은 초기 정신발달과정을 자리(position)란 개념으로 설명한다. 그것은 '편집-분열적 자리'와 '우울적 자리'의 두 가지 심리 발달과정에서 유아가 관계 맺는 자아의 대상관계 그리고 자아의 방어기제 등에 대해 설명한다. |

### 4) 교육에의 적용

① 중간 대상은 놀이하는 자기가 나타나서 활동할 수 있는 대상이며 여기에 교육과 치유의 기회가 있다.

② 놀이 속에서 상상에 몰입할 수 있도록 안전한 장소가 되어야 한다.

③ 중간 대상의 상상은 놀이하는 자기의 활성화는 치유를 가능하게 한다.

④ 중간 대상의 상징 및 상상은 분노와 공격성을 표출한 후에 마음이 편해지도록 이끈다.(공격심의 발산의 형태로 나타나는 유아의 미숙한 참자기의 일면을 수용하고 견디어 줌으로써 차츰 이 공격적인 에너지가 참자기의 인격구조 속에 통합될 수 있는 기회를 제공한다. 심한 잔소리, 이유를 설명하기 등은 바람직하지 않으며 인내하고 아이의 상황을 있는 그대로 수용하려는 태도를 견지해야 한다).

⑤ 처음에 대상관계가 있고 이후 대상 사용, 대상의 투사된 실체로서가 아닌 외적 현상으로서 지각하는 대상인식이 일어난다.

⑥ 사랑과 신뢰 속에서 아이의 권리주장을 허용한다(순응적이 되어버린 아이들은 나중에 희망을 가지게 된 징표로서 해를 끼치지 않는 반사회적 행동을 하게 된다. 이때 좋은 대상을 발견하면 파괴적인 충동을 경험하게 되는 것이다).

⑦ 틀 안에서 마음대로 하고 싶은 것을 하도록 허용해야 한다(사람에게 관심을 끌기 위해 훔치는 것으로 나타난다).

⑧ 대상을 사용하려면 주체가 대상을 사용할 수 있는 능력이 발달되어 있어야 한다(공격성에서 살아남은 대상은 내면화된다). 이 능력은 촉진적 환경에 의존한다.

⑨ 유아는 양육자에게 돌봄을 받고 위로받기 원하는 욕구를 투사→투사적 동일시에 의해 양육자는 유아를 위로하고 이해하고 공감하게 된다→유아의 공격성에서 살아남은 양육자로 인해 공격성의 에너지는 변형적 내면화의 에너지화되어 유아는 이러한 위로하고 이해하고 공감하는 태도를 내면화시킨다→

자신을 위로할 수 있는 위로의 능력의 내면화→자기 스스로 자신을 위로할 수 있는 대상을 창조해낸다.

⑩ 놀이 속에서 자기-타자 경계훈련이 가능하도록 한다(자기비난의 목소리 직면하기, 자기 공감하기, 자기의 목소리, 진실을 믿어주기, 자기의 감정과 욕구를 확실히 하고 자신의 것으로 삼는 것을 연습하기, 자신과 화해하기, 자신을 궁금해하고 좋아해주고 존중해주기).

# 2. 양가감정 다루기
## -경계선 자아의 출현-

### 1) 양가감정의 원인

양가감정의 발생과 진행과정에 대한 다양한 이론에서의 설명을 정리하면 다음과 같다.

**| 표 8-1 | 양가감정의 원인**

| 연구가 | 내용 |
|---|---|
| ① 컨버그 (Otto F. Kernberg) | • 생의 초기에 유아가 부모와의 인간관계에서 결핍이나 왜곡이 존재했기 때문으로 설명한다.<br>• 자기와 타인에 대한 부정적인 이미지와 긍정적인 이미지가 제대로 통합을 이룰 수 있기 위해서는 중요한 것은 긍정적인 요소가 부정적인 요소보다 더 우세해야 한다.<br>• 긍정적인 요소의 우세 속에 잘 통합된 자기 및 타인에 대한 정신적 표상은 스트레스나 좌절 상황에서 긍정적인 감정을 유발하는 이미지를 불러일으킬 수 있게 되고, 그것은 다시 스트레스나 좌절을 인내하는 것을 가능하게 하며, 이는 다시 보다 적극적이고 생산적인 대처와 문제해결을 가능하게 한다.<br>• 이렇게 통합된 긍정적 이미지를 기억 속에 담아둘 수 있다는 것은 적응에 대단히 중요한 의미를 지닌다.<br>• 경계선 성격장애(양가감정의 미해결)를 가진 사람들은 긍정적인 기억과 부정적인 기억이 적절하게 통합되지 못하고 이 둘 간의 원시적 분리가 고착되어 이 둘을 전혀 통합할 수 없는 경우가 많다.<br>• 이로 인해 자기의 좋은 측면과 나쁜 측면이 번갈아가며 자신을 지배하게 되어 자기상이 매우 불안정해지게 된다. 또한 타인에 대한 대상표상도 긍정적인 측면과 부정적인 측면이 분리되어, 긍정적인 표상이 활성화될 때 |

| | |
|---|---|
| | 에는 타인에 대해 지극히 이상화하는 태도를 취하고 반대로 부정적인 표상이 활성화될 때에는 타인에 대한 분노와 적개심이 분출되는 것이다.<br>• 경계선 성격장애(양가감정의 미해결)에 대한 컨버그의 설명의 핵심은 생의 초기에 유아가 어머니와의 관계에서 일관되게 긍정적인 감정을 경험하지 못한 데서 발생하는 것으로 귀결된다. |
| | • 컨버그는 말러(Mahler)의 발달이론에 근거하여 경계선 성격장애자(양가감정의 미해결)들이 유아기의 분리-개별화 단계에서 심한 갈등을 경험하여 이 단계에 고착되어 있다고 설명한다.<br>• 유아는 어머니가 사라지는 것에 놀라게 되고 때로는 어머니가 어디에 있는지에 대해서 심하게 걱정하며 극심한 불안 속에서 어머니를 찾기도 한다. 즉, 어머니가 사라지고 자신이 버림받게 되는 것에 대한 강렬한 두려움을 경험하는 유아기의 위기를 반복적으로 재경험하는 것이 경계선 성격장애(양가감정의 미해결)라는 것이다. 이들은 어른이 되어서도 혼자 있는 것을 참지 못하고 중요한 타인으로부터 버려지는 것을 두려워하게 된다.<br>• 분리-개별화 단계에 고착되는 이유는 이 시기에 어머니가 유아에게 안정된 애정을 보여줄 수 없는 여건이었거나 유아가 공격적 특질을 타고나서 어머니와 유아 간에 불안정한 정서적 관계가 형성되었기 때문이라고 본다.<br>• 유아는 안정되고 통합된 자아상과 어머니상을 내면화하지 못한다. 즉, 유아는 분리-개별화 단계에서 어머니의 좋은 면과 나쁜 면을 경험하게 되는데, 이러한 좋은 어머니와 나쁜 어머니가 사실은 동일한 존재라는 것을 수용하지 못한 채 분리(splitting)의 방어기제를 통해 어머니에 대한 양극적인 표상을 분리하여 지니게 된다. 따라서 때로는 좋은 어머니로 느껴지다가 때로는 나쁜 어머니로 느껴지는 불안정하고 극단적인 감정이 교차되어 나타나게 된다.<br>• 불안정한 어머니상은 결국 불안정한 자기상을 초래하게 된다. 정상적인 유아들은 안정되고 통합된 어머니상을 형성함으로써 어머니가 곁에서 사라져도 내면화된 어머니상을 통해서 어머니의 부재로 인한 불안을 이겨낼 수 있을 뿐만 아니라 어머니에게 심한 야단을 맞더라도 평소 좋은 어머니에 대한 기억이 통합되어 있기 때문에 극단적인 분노나 불안을 경험하지는 않는다(Kernberg, O., 1995). |
| ② 마스터슨 (Masterson) | • 분리개별화 단계에서 어머니가 유아의 분리적, 독립적 욕구를 제대로 인식하거나 허용해주지 않게 되면 유아는 어머니에 대해 더욱 불안해지고 자기의 독립적 행동을 자율적으로 추구할 수 없게 된다. 이 시기에 유아가 어머니로부터 충분한 애정적 지원을 받지 못하게 되면 유아는 심각한 딜레마에 빠지게 된다는 것이다.<br>• 유아에게 있어서 어머니와 떨어지게 된다는 것은 어머니를 잃는 것으로, 어머니와 함께 있는 것은 자기가 없어지는 것으로 여겨지는 것이다. |

| | |
|---|---|
| | • 경계선 성격장애(양가감정의 미해결)를 가진 사람들이 경험하는 타인으로부터 버림받는 것에 대한 공포와 타인에게 함몰되어 휘둘림을 당하는 것에 대한 공포는 분리개별화 단계에 있는 유아가 경험하는 위기와 일맥상통한다. 그것은 다름 아닌 대상 상실에 대한 공포와 자기 상실에 대한 공포이다. |
| ③ 아론 벡<br>(Aron T Beck;<br>1921~) | • 경계선 성격장애(양가감정의 미해결)를 가진 사람들이 여러 가지 부정적인 생활사건에 접했을 때 떠올리게 되는 자동적인 사고들은 그러한 사고들을 떠올리는 한 경계선 성격장애(양가감정의 미해결)의 증상들을 불가피하게 초래하는 성질의 것인지도 모른다.<br>• 경계선 성격장애(양가감정의 미해결)를 이해하기 위해서는 이러한 장애를 가지고 있는 사람들이 여러 가지 생활사건에 접해서 어떠한 생각들을 자동적으로 떠올리는지를 이해할 필요가 있다.<br>• 경계선 성격장애(양가감정의 미해결)를 가진 사람들의 인지도식에서 문제가 되는 내용들은 다음과 같다.<br>• 세상은 위험하며, 악의에 가득 차 있다.<br>• 나는 힘없고 상처받기 쉽다.<br>• 나는 원래부터가 환영받지 못할 존재이다.<br>• 이 세 가지의 인지도식 내용들 중 첫 번째는 세상에 대한 기본적인 시각을 반영하고, 두 번째는 자기 자신에 대한 시각을 반영한다. 그리고 마지막은 인간관계에서 자신이 어떠한 취급을 받을 것인지에 대한 생각을 반영한다.<br>• 힘없고 무기력한 자신이 악의에 가득 찬 위험한 세상에 놓여 있게 되었다는 생각을 지닌 사람은 극심하고 광범위한 공포에 시달릴 수밖에 없다.<br>• 기본적 공포를 가진 사람에게는 일상생활에서 편안하게 이완하며 산다는 것이 거의 불가능에 가깝다. 이들은 가능하면 자신의 약점을 노출시키지 않고 항상 주위 사람들을 경계하면서 사는 것을 피할 수 없게 된다. 이러한 태도는 만성적인 긴장과 불안, 위험신호에 대한 과민감성 등을 초래하게 된다.<br>• 편집성 성격장애의 경우처럼 세상은 위험하고 악의에 가득 차 있다는 시각을 가진 사람들은 자신의 능력과 힘에 더욱 의존함으로써 삶의 과정에서 겪게 되는 위협들을 대처해 나가기도 한다. 하지만 스스로를 힘없고 약한 존재로 생각하는 경계선 성격장애(양가감정의 미해결)의 경우에는 이렇게 대처하기가 불가능하다.<br>• 의존성 성격장애의 경우처럼 일상적인 삶의 요구들을 잘 다루어나갈 수 없다고 여기는 사람들은 자신을 돌봐줄 능력을 가지고 있다고 여겨지는 다른 사람들에게 의존함으로써 이러한 삶의 딜레마를 해결해나가기도 한다.<br>• 자신은 원래부터 다른 사람들에게 수용될 수 없다는 생각을 가진 경계선 성격장애(양가감정의 미해결) 사람들은 이러한 해결책조차 시도할 수가 없 |

| | |
|---|---|
| | 다. 왜냐하면 다른 사람들에게 자칫 잘못 의존하면 그들로부터 거부와 버림을 받을지도 모르기 때문이다.<br>• 벡에 따르면, 경계선 성격장애(양가감정의 미해결)를 가진 사람들에게는 다양한 인지적 왜곡 또한 발견되는데, 이 중 가장 대표적인 것이 이분법적 사고이다. 이분법적 사고는 경계선 성격장애의 인지도식상에 나타나는 역기능적 신념과 결합하면 훨씬 더 큰 문제를 초래한다.<br>• 친밀한 관계에 대한 욕구의 좌절로 인해 경험되는 강렬한 분노이다. |
| ④ 영 헬름홀츠<br>(Young-Helmholtz) | • 도식중심인지치료(schema-focused cognitive therapy)라는 새로운 인지치료이론을 제시한 영은 심리적 문제의 핵심적 원인으로서 인지도식의 중요성을 강조한다.<br>• 특히, 그는 생의 초기에 형성된 부적응적인 인지도식은 부적응적인 행동패턴을 초래하게 되며, 이는 다시 부적응적 도식을 강화하는 역할을 하게 된다고 보았다.<br>• 도식들은 삶의 과정에서 이 도식 내용과 관련이 있는 사건들을 경험하게 되면 활성화되며, 이는 다시 사고에 있어서의 왜곡과 강렬한 정서적 반응, 그리고 행동적 문제들을 초래하게 된다.<br>• 인지적 입장에서는 경계선 성격장애자들이 3가지의 독특한 내면적 믿음을 지니고 있다고 본다.<br>1. "세상은 위험하며 악의에 가득 차 있다"는 세상에 대한 부정적인 믿음이다.<br>2. 자신에 대한 것으로서 "나는 힘없고 상처받기 쉬운 존재이다"라는 믿음이다. 이처럼 힘없고 무기력한 자신이 악의에 찬 위험한 세상에 놓여 있다는 생각은 삶에 대한 불안과 두려움을 초래하게 된다. 따라서 자신의 약점을 노출시키지 않으려 하고 항상 주위 사람들을 경계하게 되며 만성적인 불안과 위험신호에 대한 과민성을 지니게 된다.<br>• 편집성 성격장애자들도 세상이 악의에 차 있다는 믿음을 지니지만 이들은 자신의 능력과 힘을 믿기 때문에 삶의 위협에 적극적으로 대처해 나간다.<br>• 경계선 성격장애자(양가감정의 미해결)는 자신을 약한 존재로 보기 때문에 타인에게 의존하고 매달리려 한다.<br>• "나는 원래부터 환영받지 못할 존재이다"라는 생각으로 인해 의존성 성격장애자처럼 상대방에게 자신을 충분히 의지하지 못하고 불안정한 관계 속에서 거부와 버림을 받을지 모른다는 두려움을 지니게 된다.<br>• 경계선 성격장애자(양가감정 미해결)들은 이러한 기저신념과 더불어 인지적 오류를 통해 자신의 경험과 외부사건을 왜곡하여 받아들이는 경향이 있다.<br>• 인지적 오류는 흑백 논리적 사고인데, 이러한 잘못된 사고방식으로 인해 극단적이고 강렬한 감정과 행동을 나타내게 된다.<br>타인을 '천사 아니면 악마'라는 방식으로 평가함으로써 타인을 극단적으로 이상화하거나 아니면 극단적으로 평가절하하게 된다. |

| | |
|---|---|
| | • 다른 사람의 언행을 자신에 대한 '수용 아니면 거부'로 해석하기 때문에 애정과 분노의 강렬한 감정을 느끼게 된다. 또한 자신의 심리상태를 '천국 아니면 지옥'으로 평가하고 자신의 행동을 결정할 때도 다른 사람에 대한 '의존 아니면 공격'으로 선택하는 극단적 흑백 논리적 사고로 인해 강렬한 감정 변화와 극단적 행동을 보이게 된다.<br>• 생물학적 입장에서는 경계선 성격장애자(양가감정 미해결)들이 선천적으로 충동적이고 공격적인 기질을 지닌다는 다양한 주장이 제기되고 있다.<br>• 경계선 성격장애자(양가감정 미해결)들의 가족은 매우 감정적이고 충동적인 성격특질을 공통적으로 나타낸다는 보고가 있다.<br>• 성격장애(양가감정 미해결)를 지닌 사람은 행동억제와 관련된 세로토닌(serotonin)의 활성수준이 낮으며 이러한 특성이 충동적 행동과 관련된다는 주장도 있다.<br>• 그롯스타인에 따르면, 경계선 성격장애의 핵심문제는 자기 조절기능의 손상이며, 이러한 손상은 뇌의 신경인지적 결함과 관련되어 있다(Grotstein, 1981).<br>• 데이비스는 유아기 외상 경험과 생화학적 이론을 통합하여 어린 시절의 부모상실이나 외상 경험은 뇌의 생화학적 기능에 장애를 가져온다고 주장한다(Davis & Akiskal,1986).<br>• 초기의 상실 경험은 특정한 신경전달물질이 관여되는 신경경로에 기능적 변화를 초래하여, 성인이 된 후에도 중요한 타인의 상실에 대해서 강한 정서적 반응과 충동적이며 자기파괴적인 행동을 나타내게 된다는 주장이다. |

**| 표 8-2 | 인지 도식의 유형과 내용**

| 도식 유형 | 도식 내용 |
|---|---|
| 유기/상실 | • 나는 영원히 혼자이다.<br>• 나를 위해 존재하는 사람은 아무도 없다. |
| 거부 | • 만일 사람들이 나의 진정한 모습을 알게 된다면 아무도 나를 사랑하거나 가까이 하려 하지 않을 것이다. |
| 의존 | • 나는 혼자 힘으로는 세상을 살아갈 수 없다.<br>• 나는 의지할 만한 누군가가 필요하다. |
| 예속/개별화의 결여 | • 나는 다른 사람들에게 나 자신을 맞출 수밖에 없다.<br>• 그렇게 하지 않으면 사람들은 나를 버리거나 공격할 것이다. |
| 불신 | • 사람들은 나를 공격하고 이용하며, 나에게 상처를 입힐 것이다. 따라서 나는 스스로를 보호해야만 한다. |

| | |
|---|---|
| 통제감 상실에 대한 공포 | • 나는 나 자신의 감정을 통제해야만 한다.<br>그렇지 않으면 끔찍한 일이 발생할지도 모른다. |
| 죄책감/처벌 | • 나는 나쁜 사람이다.<br>따라서 나는 벌 받아 마땅하다. |
| 정서적 결핍 | • 나의 욕구를 충족시켜주고 나를 돌봐주는 사람은 아무도 없다. |

## 2) 정상적 공생기

### (1) 특성

① 생후 첫달 동안 오감을 통해 세상을 경험하는 유아는 자신이 경험한 오감의 세상을 어머니라는 대상으로 인식하는 데, 아직은 어머니와 자신을 두 개의 개체로 인식하지 못하고 하나로 인식한다.

② 인간에게 본능적으로 내재되어 있는 관계의 욕구는 이 시기부터 유아에게 매우 구체적으로 드러난다.

③ 이 시기까지 유아는 '나와 타인' 혹은 '나와 나 외의 것'을 구별하지 못한다. 다만, 자신의 오감을 통해서 인지하는 어머니를 인식하고 그 어머니가 보고 말하는 대상으로서의 자신을 인식한다. 이 말은 모든 인간들은 자신을 알기 전에 대상을 먼저 인식한다는 말이다.

④ 우리는 거울이나 물에 비친 자신의 얼굴을 보지 못하는 한 내가 어떻게 생겼는지 모른다. 엄밀히 말해 나라는 존재는 어떤 대상(어머니이든 거울이든)에게 비춰진 모습으로서 나에게 다가오는 것이다.

⑤ 어머니가 유아를 본체 만체 한다면 그 유아는 영원히 자신이 세상에 존재한다는 것을 모르게 될 것이다.

⑥ 그렇게 자신의 마음이 있는지, 있다면 어떤 형태로 존재하는지 모르는 사람들을 만나게 된다. 그런 사람들은 항상 타인만을 인식할 뿐 자신은 인식하지 못하는데, 그 원인은 그들의 어머니가 어린 시절 그들을 보고 아는 체(즉, 관심과 인정과 애정을 주지 않은 것)를 하지 않은 것에서 기인한다.

⑦ 자신의 존재감에 대해 항상 회의하고, 자신의 존재감을 타인과의 관계 속에서만 찾으려 하는 공통점을 가지게 된다.

⑧ 이런 공생기는 태어난지 한 달 후부터 약 6~8개월 사이, 즉 유아가 낯가림을 시작하기 전까지 지속된다.

⑨ 자신의 안락함이 어머니의 행복과 직결되어 있다고 여기고 어머니를 만족시키기 위해 모든 노력을 경주하게 된다. 반대로 어머니의 입장에서는 유아의 요구에 맞추어 줌으로써 유아가 순하게 잘 자라게 될 때 어머니는 편안함과 보람됨을 느끼게 될 것이다. 이렇게 모자녀가 서로에게 충실하게 잘 맞추어 공생의 시기를 잘 보내게 되면 유아는 인간에 대해 신뢰감을 가질 수 있고, 그것을 바탕으로 인간에 대한 애착을 가질 수 있게 된다.

⑩ 대부분의 어머니들은 자녀를 낳은 뒤에 본능적으로 자녀에게 집중하여 영유아인 자녀가 원하는 것에 거의 절대적으로 적응하여 줄 수 있기 때문에 대부분의 유아들은 정상적으로 이 공생기를 성공적으로 보내게 된다. 그래서 사람들은 성장한 후에도 주변사람들을 신뢰하고 친밀감을 가질 수 있게 되어 친구를 가지며, 가정을 꾸리고 사회에 적응하며 살 수 있다.

⑪ 어머니가 주변의 상황에 의해서 혹은 어머니의 정신적 병리에 의해서 유아에게 관심을 주지 못했다거나 매우 변덕스럽게 행동한다면 유아는 어머니에게 어떻게 적응하여야 할지 매우 혼란스러울 것이며 어머니라는 존재의 불확실성에 의해 자신의 존재감에도 확신을 갖기 어렵게 된다.

⑫ 분열증적 성격을 가진 사람은 누구보다도 인간관계를 열망하는 사람들이다. 그러나 타인과 친밀해지고 싶다는 그들의 소망이 항상 좌절과 상처로 되돌아오기 때문에 모든 인간관계로부터 철수하여 고통을 최소화하려고 노력하는 사람들이다.

### (2) 과정

① 유아가 어머니와 공생관계를 잘 유지하여 어머니가 자신을 잘 돌볼 것이라는 것을 믿고 그런 어머니에게 전적으로 맞추어서 살도록 준비되는 것이다.

② 어머니들은 유전적 · 생리적으로 주어진 '정상적 미친 상태'에 빠져서 자녀에게 헌신하면서 '충분히 좋은 어머니'로 기능한다.

③ 유아는 어머니와의 관계 속에서 실망과 좌절을 겪는 '나쁨'의 경험보다는 자신의 신체와 정서가 대체로 편안하고 안정되게 살아갈 수 있는 '좋음'의 경험이 많아서 그 다음단계로 성장해 갈 준비를 하게 된다.

(3) 역동과 역설

① 완벽한 어머니가 있어서 영유아가 전혀 불편함을 느끼지 못한다면 그 영유아는 정신을 발달시킬 필요가 없어 영원히 공생기에 머물러 더 이상의 성장이 없게 될 것이다.

② 우선적으로 영아의 욕구에 완벽하게 대응해줄 수 있는 어머니란 없다. 그래서 모든 어머니는 자녀를 약간씩 실망시킬 수밖에 없고 그럴 때마다 영아는 고통에 직면할 것이며 거기서 벗어나고자 나름 자신이 가진 함입과 투사의 심리적 작용을 활발히 움직여서 그 고통으로부터 벗어나고자 몸부림칠 것이다. 그런 과정에서 영유아의 심리는 점차 성장하게 되는 것이다.

(4) 병리와 건강의 차이

① 어머니가 산후 우울증이나 가족에서의 특별한 사건이 없는 한 모든 어머니들은 유전적 · 생리적으로 영아에게 잘 적응하도록 되어 있다.

② 영아 자체가 가진 기질적인 문제로, 영아가 지나치게 예민하거나 타고난 공격성이 커서 조그마한 좌절에도 견디지 못하는 한계로 인해 다른 영아라면 좋음의 영역으로 여길 것을 모두 나쁨의 영역으로 느끼는 경우이다.
그런데 우리는 무엇이 영아 자신의 문제이고 어디까지가 어머니의 문제인지 구별하기가 쉽지 않다. 이 시기가 영아와 어머니가 '이인 일인체'이기 때문에 한쪽의 문제는 곧 그 대상에게도 옮겨갈 수 있기 때문이다.

③ 고통이 성장의 밑거름이란 말은 그저 하는 말이 아니다. 영유아기에 갖는 좌절이 정서와 인식을 싹트게 하는 진정한 밑거름이 됨을 잊어서는 안 된다. 그

러나 그러한 좌절은 전반적으로 잘 보살펴주는 어머니라는 환경 안에서 영유아가 견딜 수 있을 만큼 조금씩 점진적으로 주어져야 하는 것임도 잊지 말자.

④ 결국 이 세상에 완벽함이란 없다는 바로 그 면이 성장과 창조의 바탕이 됨도 인식할 필요가 있다. 노력하지만 부족할 수밖에 없는 어머니노릇 자녀노릇을 내가 먼저 인정하고 수용하고 용서할 수 있으면 좋을 것이다.

## 3) 양가감정 다루기

굳건한 치료적 협력관계가 확립되어야 하는데 고착된 양가감정의 문제 중의 하나가 바로 관계형성 및 유지에 있어서의 어려움이기 때문이다.

### (1) 지지하기

① 유아가 호소하는 증상을 가능한 한 빨리 경감시킴으로써 유아가 정서적 균형을 회복하고 현실생활에 적절히 적응할 수 있도록 돕는 것을 우선적인 목표로 삼는 심리치료방법을 일컫는다.

② 지지하기를 통해서 유아가 가지고 있는 기존의 방어들을 강화해주고, 유아에게 스트레스로 작용하는 환경적 요인들을 제거하거나 감소시키는 것에 초점을 맞춘다. 호소하는 매우 현실적이고도 실제적인 문제들이 무엇인지 집중적으로 관찰한다.

### (2) 재구성하기

① 성향을 근본적으로 재구성함으로써 당면한 심리적 문제의 해결과 현실에의 원만한 적응을 돕는 것은 물론, 유아가 자신에게 내재한 잠재력과 가능성을 발휘하여 궁극적으로 인간적 발달과 성숙을 이루도록 하는 것에 목표를 둔다.

② 자아 기능의 현실검증능력과 판단능력이 고양되도록 이끈다.

(3) 공감관계 형성하기

① 교사와 유아가 협조적인 관계를 형성하고 유지하는 것 자체가 교육치료의 핵심이다.
② 교사의 의사소통방식이 애매하거나 모호하지 않아야 하며 솔직해야 한다. 또한 유아의 오해를 불러일으킬 수 있는 말이나 행동은 삼가야 한다.
③ 유아와 한 약속, 규칙은 반드시 준수해야 한다.
④ 유아의 수용 가능성을 넘어서는 표현, 행동을 해서는 안 된다.
⑤ 유아는 교사가 얼마나 신뢰할 수 있는 인물인지를 끊임없이 시험하는데, 유아의 이러한 시험에 교사가 어떻게 대처하는지에 따라 교육치료적 관계 형성의 효율성을 판단할 수 있게 된다.
⑥ 교사는 유아의 특별한 요구를 어느 정도까지 응해줄 수 있는지에 관한 적절한 타협이 포함된 원칙을 세울 필요가 있다.

## 4) 교육에의 적용

① 양가감정의 잘못된 고착은 유아의 강렬하고 불안정한 대인관계 양상이 교사와의 관계에 나타날 수 있음을 인식하는 것이 중요하다.
② 안정된 교육치료관계의 형성이 어려울 뿐만 아니라 교사의 반응에 대한 과민성과 빈번한 오해, 그에 따른 비협조적 행동이나 공격적 반응, 치료시간 준수의 어려움, 빈번한 심리적 위기와 교사에 대한 다양한 요구 등으로 인해서 교사를 매우 힘들게 하는 경우가 많다.
③ 교사는 우선 모호하거나 애매한 언행보다는 솔직하고 분명한 태도를 나타냄으로써 유아가 교사의 의도를 오해하는 일이 없도록 하는 것이 중요하다. 아울러 유아의 불안정한 태도에 상관없이 일관성 있고 안정된 지지적 태도를 견지함으로써 교육치료 관계 형성에 집중해야 한다.
④ 유아의 자아강도에 따라 신중하게 접근을 할 필요가 있다. 자아강도가 약한

경우에는 지지 또는 표현치료가 바람직한 반면, 자아강도가 비교적 강한 경우에는 통찰 지향 교육, 치료를 적용할 수 있다.

### ■ 정신역동방법

① 유아의 자아를 강화시켜 불안을 잘 인내하며 충동에 대한 통제력을 향상시키도록 하는데 목표가 있다.
② 긍정적 내용과 부정적 내용이 분리되어 있는 유아의 자기표상과 대상표상을 통합시킴으로써 안정된 자기인식과 대인관계를 이끌어 낸다.
③ 긍정적이고 지지적인 내면적 표상을 보다 확고하게 강화시킴으로써 중요한 사람과의 분리나 이별을 참아낼 수 있도록 하는 것이다.

### ■ 인지행동방법

① 처음에는 유아의 기본적 믿음을 변화시키려 하기보다는 관계 형성에 집중하는 것이 필요하다. 강한 감정이 개입된 개인적 문제를 다루기보다는 유아가 직면하고 있는 구체적인 문제의 해결에 초점을 맞추면서 유아와의 신뢰 형성에 노력한다.
② 점차적으로 유아의 흑백논리적 사고를 다루어간다. 즉, 유아에게 흑백논리적 사고를 자각시키고 이러한 사고방식이 유아의 삶에 미치는 영향을 함께 살펴본다. 아울러 연속선상에서 사건의 의미를 해석하는 대안적인 생각들을 안내하고 흑백논리의 사고와 비교하여 어떤 것이 더 현실적이고 적응적인지를 평가해 보도록 돕는다.
③ 정서 조절능력을 향상시키기 위한 지도로서 유아가 경험하는 구체적인 문제 상황에서 자신의 정서 반응을 살펴보게 하고 대안적인 대응방식을 탐색하게 하며 보다 더 적응적인 정서표현방식을 습득할 수 있도록 돕는다. 유아가 표현하고 싶어 하는 감정을 수용해 주는 동시에 그러한 감정을 적절하게 표현하는 방법을 제시하고 유아의 새로운 정서표현방식에 대한 피드백을 제공한다.
④ 양가감정의 혼란으로 인한 자신과 주변의 것들에 대한 부정적 믿음을 자각하

고 보다 긍정적인 믿음으로 변화시키도록 돕는다.

## 이론 속으로

### ■ 멜라니 클라인의 이론 2

**1. 투사와 함입의 과정**

문제가 있어서 인간을 신뢰할 수 없게 된 사람들이 처하는 마음의 상태를 멜라니 클라인은 '편집 분열적 자리'라고 명명하고 있다.
우리는 말을 못하는 영유아의 심리적 상태가 어떠한지 알 수 없다.
그러나 심각한 정신질환을 가진 사람들의 퇴행한 모습 속에서 또는 정신적인 어려움을 가지고 있는 어린이들의 심리치료 속에서 이 공생기 동안에 갖는 유아들의 심리 상태를 유추하는 것이 가능하다.
멜라니 클라인은 이 시기에 유아들은 매우 큰 불안에 휩싸여 있다고 여긴다. 유아는 그 고통으로부터 벗어나기 위해 나름대로의 대처를 하게 되는데, 그 방법이 바로 '투사'와 '함입'이라는 정신적 과정이다.

- '투사': 자신 내부의 나쁜 어떤 것(때로는 좋은 것일 수도 있다)을 자신의 밖으로 내던져 진다.
- '함입': 외부의 어떤 좋은 것(때로는 나쁜 것일 수도 있다)을 나의 내부로 가지고 오는 정신과정을 말하는 것이다.

어른인 우리가 들을 때는 참으로 이상한 말로 들리겠지만 유아의 입장이 되어서 상상해보자.
무언가 고통스러울 때 스스로 작동시킬 수 있는 것이라고는 입을 통해서 빨아먹거나 뱉어버리는 행위일 것이다. 이 시기는 인식이라는 것 자체도 아주 원시적이고 미숙한 것이기에 현실과 상상을 구분하지 못한다. 즉 실제로 자신이 입을 통해서 무언가를 먹거나 뱉는 행위와 그렇게 하려고 마음먹는 것 차이의 구별을 할 수 없다는 말이다.
즉, 유아는 자신이 고통을 느낄 때마다 그 고통에서 벗어나기 위해 투사와 함입이라는 정신적 활동을 열심히 하면서 그 나쁨과의 전쟁을 처절하게 하게 되는데 이때 그 나쁨을 처리하려고 하는 행위를 '공격성'이라고 이름 붙여서 인간의 가장 근본적인 속성의 하나로 보고 있다.
이렇게 무수하게 반복되는 〈투사와 함입〉이라는 정신적 과정을 통해서 유아의 정신적 활동은 서서히 좀 더 세련되고 용량이 큰 '마음'으로 만들어져간다. 그러나 유아가 항상 괴로운 상태에 있는 것은 아니다. 젖을 배불리 먹었을 때, 편안히 잠을 잘 때 등 행복할 때도 많을 것이다. 그럴 때 유아는 그 좋음이 대부분 어머니의 젖을 먹는 것과 함께 오기 때문에 젖을 먹으면서 어머니가 가지고 있는 '좋음' 역시도 자신의 내부로 가져온다고 여긴다.

투사와 함입이라는 정신과정 속에는 나쁨과 좋음이 번갈아 유아의 원시적인 심리내부를 무수히 들락날락하는 과정이 있다고 본다. 그런 과정 속에서 유아가 전체적으로 좋은 상태를 많이 느낄 경우 그 유아는 자신의 좋음이 나쁨을 다 없애거나 자신을 과도하게 괴롭히지 않을 정도로 나쁨을 통제할 수 있다고 여기기에 마음의 역량도 점점 더 순조롭게 커지고 세련되어져서 다음의 발달단계로 수월하게 넘어가게 된다.

마음이 성장 유지되기 위해서도 신체에서 일어나는 과정과 똑같은 과정이 반복해서 일어나야 한다. 비온은 이러한 것들을 소화과정이라고 명명하여 음식이 소화되어 몸의 일부가 되듯이 외부의 자극이 흡수되어 마음으로 되기까지의 과정을 도표로 나타내어 설명하고 있다(김정순, 2000).

| 과정 | 내용 |
|---|---|
| ① 투사 | 그래서 고통을 느끼는 유아는 그 고통이 자신의 내부에서 일어나는 일이라고 여겨 투사라는 상상의 행위를 통해서 자신의 바깥 세계로 그 나쁜 것을 축출해 내고자 한다. |
| | 이러한 과정이 이해하기 힘들게 여겨질 수도 있지만 우리의 몸의 자라나는 것과 비교하여보면 똑같은 과정임을 알 수 있다. 우리의 신체는 음식을 먹고 소화시킨 후 남은 것들을 배출하는 과정을 통해서 성장 유지된다. 먹는 음식의 형태가 어머니젖에서 이유식을 거쳐서 밥과 반찬 등의 딱딱한 것으로 변해 갈 뿐 외부에서 음식을 섭취해야 신체가 살아 기능하고 성장할 수 있다. |
| | 심리적인 배출을 '투사'라고 하는 것이다. 우리가 먹고 싸는 것을 어려서는 어머니가 해주고 배변훈련을 통해 점차 자신이 통제할 수 있게 되듯이 심리적인 함입과 투사 역시 처음에는 양육자인 어머니에 의해 이루어지다가 어머니와의 관계 속에서 혼자 하는 과정이 익혀지고 성장한 후에는 혼자서 처리할 수 있게 된다.<br>자립한 인간이 음식의 섭취와 배설을 그 문화가 허용하는 한도에서 합의된 양식으로 처리할 수 있어야 하듯이 심리적 양식의 흡수와 배출 역시도 자신이 속한 문화에서 합의되고 허용된 방식으로 할 수 있을 때 건강한 마음을 가졌다고 할 수 있다. |

| | |
|---|---|
| ② 함입 | 유아가 아무리 자신이 느끼는 고통을 상상 속에서 입을 통해 외부로 내보낸다고 해도 실제의 고통이 해결되지 않는 경우가 많을 것이다. 그래서 유아는 자신을 괴롭히는 나쁜 것들이 이제는 자신의 밖에서 자신을 공격하고 있다고 여긴다(좀 전에 나쁜 것들을 자신의 외부로 축출했기 때문에). 괴로운 유아는 그 나쁜 것들을 처리하기 위해서, 즉 통제하기 위해서 자신이 할 수 있는 유일한 다른 행위, 즉 자신의 내부로 그것을 가져오는 '함입'이라는 활동을 또 상상 속에서 하게 된다. |
| | 신체를 성장시키고 유지시키기 위해서는 음식을 섭취해야 할 뿐 아니라 섭취한 음식을 소화시킨 후 몸 안에 남아 있는 찌꺼기를 배출하는 것도 생명을 유지하기 위해서는 필수적인 것이다. 배설하는 것도 처음에는 어머니가 처리해주지만 한 살이 지나면서부터는 배변훈련을 통해 스스로 배출할 수 있게 된다.<br>그런 심리적인 양식은 심리 내부에 들어가 마음을 만들고 유지시키는 재료로 쓰이고 남는 것들은 심리 외부로 배출되어야 한다. 이러한 심리적인 먹음을 '함입'이라 한다. |

## 2. 분열적 대응

유아가 처한 상황이 여의치 않아서 나쁨의 상태를 더 많이 경험하게 되면 그러한 유아는 좋음이 나쁨에 의해 오염되거나 없어지는 상태를 막기 위해 많은 노력을 경주하게 되는데, 이러한 과정이 바로 '분열'이라는 정신기제이다. 이것은 정신의 내용물들이 하나로 통합되지 못하고 서로 분리되어 따로따로 기능하는 것을 말한다.

우리는 어떤 사람의 기분 변동이 너무 극심하여 한 때는 매우 기분이 좋아하다가 다음 순간에는 매우 우울해하는 것을 보고 전혀 다른 사람이 한 사람 안에 존재하는 것 같다는 의아함을 가지고, 그에게 좀 전의 상태를 상기시키며 기분을 조절하라고 충고를 하게 된다. 그럴 때 상대는 좀 전에 자신이 가졌던 감정을 부인하거나 그런 적이 있음을 생각해내기는 해도 그런 상태를 다시 갖기 힘들어하는 경우를 접하게 된다. 두 개의 감정상태는 분열이라는 정신작용에 의해 서로가 접촉하지 못하여 당사자는 한 상태에 있을 때 다른 상태를 전혀 느낄 수 없게 되는 것이며 이러한 상태를 분열이라고 한다.

이러한 정신과정을 성인이 된 이후에도 자주 사용하면 불건강한 정신상태라고 말할 수 있지만, 모든 인간이 2~6개월 정도까지 '공생관계'라고 하는 시기에 가졌던 보편적이고 정상적인 과정이었다.

어려운 스트레스를 받게 되면 다시 한번 이 시기로 쉽게 퇴행하여 분열이라는 정신기제를 사용하게 된다. 이렇듯 어른이 된 이후에 공생기로 퇴행해 가는 사람들의 마음 과정을 보면서 우리는 이 시기에 과연 어떠한 정신과정이 일어나는지를 쉽게 유추해볼 수 있다.

이들은 편집증이나 분열증적인 요소를 많이 가지고 있게 된다. 이들은 자신의 주변에는 자신을 해치기 위하여 호시탐탐 자신을 노리는 매우 나쁜 적들이 있다고 여긴다. 그래서 자신의 목숨을 지키기 위해 항상 주변사람들을 의심하고, 기회만 되면 그들에게 복수를 하고자 하며, 가능하다면 타인들과 거리를 유지하면서 자신의 안전을 지키고자 한다.

6개월까지의 영유아는 자신이 알고 있는 느낌이나 현상들이 어디까지가 현실이고 어디까지가 환상인지 구별이 없다. 그러한 일정하지 않은 보상의 행위들은 그래서 더 활발하게 영유아의 상상의 세계를 자극하고 영유아는 불편할 때마다 정신활동을 활발하게 하게 될 것이다.

자신의 욕구가 채워지는 양이 많으면 그들은 자신들의 창조적인 활동으로 인한 좋음의 경험을 많이 느끼고, 그렇지 못할 경우 신체적인 괴로움은 나쁨의 경험으로 많이 쌓여갈 것이다.

나쁨이 많은 영유아는 나름대로 그 나쁨을 몰아내기 위해서 많은 심리적 전쟁을 하게 되는데, 그 상상의 심리적 전쟁은 '요한 계시록'과 '티벳 사자의 서'에서 보여지는 그런 끔찍하고 괴로운 광경들로 영유아에게 나타나게 된다.

대부분의 사람들은 '충분히 좋은 어머니'에 의해 좋음의 경험을 나쁨의 경험보다 많이 가지기 때문에 이 공생기의 시기(멜라니 클라인이 말하는 편집 분열의 시기)를 보이지 않는 외부의 적과 상상 속에서 싸움으로 보내기보다는 좋은 어머니에 대한 신뢰를 쌓아 어머니와 애착관계를 형성하게 된다(이무석, 2006).

Chapter

09

# 위니콧 이론과 유아교육

## -안아주기, 반영해주기, 전능감 북돋워주기-

# 1. 안아주기

안아주기는 초기 영유아기 정서발달에 꼭 필요한 환경의 제공을 묘사하는 개념으로 신체적으로 안아주는 것을 포함한 전체적인 환경 제공을 의미한다(김혜순, 2014).

## 1) 안아주기의 의미

① 아기의 몸 다루기는 유아의 생의 초기에 안아주는 환경의 중요한 측면이다. 어머니는 아기에게 적절한 몸 다루기를 해줌으로써 아기가 몸을 자신의 일부로 받아들이고, 자기가 몸 안에, 몸 전체에 있음을 느끼도록 하는 것이 중요하다.

② 어머니는 아기를 다룰 때에 생리적인 반응뿐만 아니라 정서적으로 참여를 고려해야 하는데, 이것이 몸과 정신의 통합의 기초를 형성하는 데 큰 영향을 미치기 때문이다.

③ 어머니는 자연스럽게 아기를 다루어야 하는데, 각각 아기가 통제하기 어려운 신체의 부분들이 자연스럽게 안아주는 어머니에 의해 하나가 되며 이러한 하나됨은 자아 통합의 필수적이며, 몸의 조화와 세련의 기초가 되어 신체활동을 느끼는 기초가 된다. 그리고 아기는 이런 신체활동을 통해 끊임없이 자기를 발견하는 것이다.

④ 부모는 아기에게 인간관계뿐만 아니라 아기와 함께 살아가는 현실을 소개해

주는 일을 해야 한다. 아기는 태어나서 어머니와 분리되어 있지 않은데 관계 맺기를 통해 자신의 존재에 대한 느낌 혹은 정체성을 경험한다. 아기가 정체성을 느끼기 위해서는 아기의 일부라고 할 수 있는 어머니의 역할이 매우 중요하다.

⑤ 어머니는 아기를 대할 때 안정되게 섬세하게 다뤄야 하며 아기를 편안하게 하고 자유롭게 움직이게 하며, 마음껏 어머니로부터 오는 감각을 느끼게 해야 한다.

이 모든 것이 아기에게 있어서 관계를 형성해 가는 과정이며 어머니는 끊임없이 대상을 제공하는 과정인 것이다.

## 2) 신체적 안아주기

① 환경 제공의 시작은 아기의 신체적인 요구들에 부응해주는 것이다. 그러나 이것은 기계적으로 주어지는 것이 아니라 어머니의 공감으로 이루어져야만 믿을 만한 환경이 된다. 삶의 흐름이 시작되는 순간부터 그 흐름을 깨지 않으려면 신뢰할 수 있는 안아주기가 환경의 특징이 되어야 한다.

② 안아주기는 생리적인 것과 심리적인 것이 아직 구별되지 않거나 혹은 구별되어가는 과정에 있는 아주 초기에 '특히, 사랑의 한 형태로서 육체적으로 아기를 안아주는 것'을 포함한다.

③ 안아주기는 또한 '함께 산다는 개념에 앞서는' 즉 아기가 다른 사람들과 관계를 맺는 독립된 사람이 되기 이전의, '전체적인 환경 제공'을 포함하는 개념이다.

④ 안아주기는 3차원적인 시공관계가 점차로 덧붙여진다. 외부에서는 순전히 생리적인 것으로 보이는 이 과정은 아기에게 속해 있는 복잡한 심리 분야에서 일어나는 것으로서 어머니의 자각과 공감에 의해 결정된다.

⑤ 안아주기는 아기를 생리적인 모욕으로부터 보호해 준다. 그리고 아기에게 어머니의 촉감에 대한 피부감각, 체온, 목소리, 얼굴모습 등의 감각 등을 제공하며, 이때의 아기는 자신 이외의 다른 어떤 것이 존재하리라고는 생각하지 못하는 상태이다.

⑥ 안아주기는 밤낮을 가리지 않고 행해지는 전반적인 일상적 돌봄을 포함한다. 아기 개인은 자기에게 맞는 특유의 안아주기를 요구한다. 이러한 요구는 아기의 일부이며 모든 아기는 각각 고유한 존재이기 때문이다.

⑦ 안아주기는 '태아기 상태의 특성을 가지고 있는 생리적인 제공'에서부터 출발하여 연속적으로 이루어져야 한다.

### 3) 심리적 안아주기

① 자아-지원을 제공하는 것, 특히 자아의 통합이 성립되기 전인 절대적 의존기에 아기에게 자아-지원을 제공하는 것이 된다. 통합과 자아-관계성발달은 둘 다 충분히 좋은 안아주기에 달려 있다.

② 안아주기에는 아기의 신체적이고 심리적인 성장과 발달에 속하는 매일의 작은 변화들이 뒤따른다. 아기 돌봄은 안아주기와 관련해서 묘사될 수 있다. 이 안아주기는 아주 단순하게 시작해서 꾸준히 복잡해지는 것이지만 여전히 같은 안아주기로 남는다.

어머니 자신이 충분히 좋은 돌봄을 받았다면, 어머니는 아기에게 충분히 좋은 돌봄을 제공할 수 있다. 어머니가 아기에게 좋은 돌봄을 제공하지 못하는 것은 어머니 자신이 충분히 좋은 돌봄을 받지 못했기 때문이며, 그것은 교육수준과는 아무런 상관이 없다(반건호, 2008).

## 4) 안아주기와 모성 몰입

① 위니콧은 아기의 성장을 돕기 위해 스스로를 기꺼이 제공하는 어머니의 헌신을 '일차적인 모성적 몰두(primary maternal preoccupation)'라고 명명하였다. 그는 이것을 어머니가 아기에게 자신을 맞추는 일종의 적응능력이라고 보았다(이진희 외, 2013).

- 클레인: 대상관계를 생의 초기부터 시작한다고 보았다.
- 위니콧: 대상관계를 시작하기 전에 환경-개인 편제상태로 존재한다고 보았다.

② 중심이 개인에 있는 것이 아니라 환경-개인 편제에 있다. 존재가 중심이란 개념으로부터 퍼져 나온다고 생각한다.

③ 참 좋은 어머니의 돌봄

환경–개인 편제 안에 있는 존재의 중심이 존재의 중심핵에 자리 잡게 된다.

외부 세계를 창조, 초기 대상관계를 가능하게 한다.

모성 몰입상태에서 어머니는 아기에게 세상을 가져다준다.

젖이 필요할 때 젖을 가져다 준다.

- 아기는 자신이 젖을 창조한 줄로 안다.
- 환각의 순간은 유아의 환상과 어머니가 제공하는 것이 일치하는 순간이 된다. 이때 유아는 자신을 전능의 존재로 모든 창조의 원천으로 경험한다.
- 어머니와 하나된 관계에서 전지 전능한 상상 속에 살던 아기는 점차적으로 어머니가 모든 것을 다 해줄 수 없다는 것을 알게 된다.

## 이론 속으로

### ■ 위니콧(D. W. Winnicott; 1896~1971)의 이론

위니콧은 '대상관계'와 '대상사용'이라는 개념을 통해서 인격의 발생과정을 설명했다(이재훈 역, 1997).

| 개념 | 내용 |
|---|---|
| ① 대상의 의미 | • 대상 관계: 타인이 유아의 환상의 통제 아래 있다는 주관적·투사적 경험상태<br>• 대상 사용: 유아의 환상에 통제 받지 않는, 독립적이고 현실적인 존재로서 타인을 지각하고 상호작용하는 상태<br>대상 관계 ➡ 대상 사용 |
| ② 성격의 출현 | 무엇이 유아로 하여금 자신이 타인으로부터 분리된 존재라는 사실을 자각하게 만드는가?<br>• 어머니와 유아가 하나의 단위를 이루며, 유아의 인격발달이 유아의 내면에서 홀로 일어나는 것이 아니라, 유아와 돌보는 사람의 관계 안에서 일어나는 상호적 과정이다.<br>• 신체적 돌봄과 안아주기를 통해서 '안아주는 환경(holding environment)'을 형성하는 것은 매우 중요한 일이고 어머니와 유아의 관계는 단순한 신체적인 교류 이상의 복잡하고 상호적인 교류로 구성된다고 말한다<br>• 신체적·생물학적인 요소보다는 어머니와 유아 사이의 상호적인, 정서적인 특성을 강조한다. 즉, 유아의 자기가 분화되고 구조화되기 위해서는 먼저 어머니와 유아 사이의 관계가 원만하게 형성되어야 한다고 주장한다. 초기의 대상관계는 유아의 발달적 요구와 어머니가 제공하는 환경과의 상호작용으로 구성된다.<br>• 욕동 개념을 주변적이고 이차적인 것으로 간주한다. |
| ③ 충분히 좋은 어머니 | • 위니콧이 '충분히 좋은 어머니'라고 부른 환경이 유아에게 제공될 때 유아는 창조적이고 건강한 자기를 형성할 수 있게 된다.<br>• 최상의 환경에서도 인격은 깨어지기 쉽다고 말한다. 위니콧은 인격 안에는 의사소통이 되지 않는 자기, 혹은 진정으로 고립된 자기의 인격적 핵이 존재할 수밖에 없다고 말한다.<br>• 유아의 실제적인 신체의 무능으로 인해 신체적·정서적 성장에는 촉진적 환경으로 작용하는 모성적 돌봄이 필수요건이다. 유아의 타고난 잠재력이 실현되려면 환경적 제공이 적절하게 이루어져야 하는 것이다.<br>• 유아의 전능성에 응해 주며 어느 정도 그것을 의미 있게 해주는 어머니이다. |

| | |
|---|---|
| | • 단순히 만족시켜주는 대상이 아니라, 유아의 욕구를 선택적으로 좌절시킬 수 있는 사람이다. 절대적 의존단계에서 상대적 의존단계로 가는 결정적 과도기 단계에서, 충분히 좋은 어머니는 유아에게 반응하지 '않음으로써' 유아의 자율성을 잘 격려한다.<br>• 유아의 자율성은 매우 의존적 관계에서 자라나게 되며, 건강한 어머니-유아의 상호작용에서 유아의 자율적인 행동은 환영받는다.<br>• 건강하지 못한 상호작용에서는 자율적인 행동이 지지받지 못하고 정서적으로 철수되며 처벌받고, 심지어는 버림받는 결과까지 낳게 된다. 이는 유아가 약하고 절박할 때만 어떤 사랑이나 애정을 베푼다. 이런 종류의 경험을 통해 유아는 사랑받고 수용받는 것은 약하고 무력하게 되는 것이라는 것이다. 이렇게 성장한 사람들은 '무력함'이라는 주제가 지배적인 관계를 찾게 된다.<br>• 의존적 · 투사적 동일시를 사용하는 어머니들은 때때로 다른 사람들을 돌보고 안아주는 것이 삶의 목적인 사람을 찾는다.<br>• 유아는 전능성을 경험하게 되며 타인과의 관계에서 고립되지 않는다. |
| ④ 좋은 어머니가 아닌 경우 | • 유아는 고립된 채로 남아 있게 되며 참자기가 개발되지 못한 채 거짓자기로 살아가며 환경에 순응하게 된다.<br>• 유아에게 안아주는 환경은 유아의 자아를 지원하여 유아는 자아를 통합하고 정상적인 대상관계를 발달시켜 갈 수 있게 된다. 충분히 좋은 어머니가 유아의 필요에 능동적으로 적응해주고 유아의 발달에 맞추어 능동적인 적응을 줄여나갈 때, 유아는 좌절의 경험으로부터 외적 대상과 관계를 경험할 수 있는 능력을 발달시킬 수 있는 것이다.<br>• 유아가 어머니로부터 전능감을 느끼지 못하면 거꾸로 유아는 어머니에게 순응하여 어머니의 몸짓을 자기의 것으로 받아들인다. 이러한 순응이 거짓 자기의 초기 단계를 이룬다. 이 거짓 자기는 실제 자기를 대신하는 극단적인 경우, 참자기를 방어하는 덜 극단의 경우, 건강한 거짓자기의 경우 등 다양하게 나타난다. |
| ⑤ 어머니의 거울기능 | • 건강한 발달을 위해서는 짧은 시기 동안이지만 완벽한 환경이 필요하다. 위니콧이 말하는 완벽한 환경이란 모성에 몰두함으로써 유아의 욕구와 몸짓을 매우 정확하게 이해하는 어머니를 의미한다.<br>• 어머니의 거울기능은 파편화되고 형태 없는 유아의 몸짓 속에서 유아의 의도와 뜻을 정확하게 반영해주는 역할을 한다. 불완전한 반영은 아기의 자기 표현능력과 통합의 능력을 방해하고, 정신과 신체의 결합과정인, '인격화'과정을 방해한다. 어머니가 아기의 욕구에 공감해줄 때 아기는 자신의 신체적 및 충동들과 조화를 이룰 수 있으며 그 과정을 통해 아기는 서서히 자기 감각을 발달시킨다. |

| | |
|---|---|
| ⑥ **모성적 돌봄의 실패** | • 모성적 돌봄의 실패는 두 종류로 나눌 수 있다.<br>첫째는 유아가 흥분상태에 있을 때, 어머니가 유아의 환각 창조와 욕구를 실현시켜주지 못한 경우이고,<br>둘째는 유아가 고요한 상태에 있을 때, 어머니가 유아의 형태 없음과 통합되지 않은 상태를 방해하는 것이다. 위니콧에 따르면, 모성적 돌봄에 문제가 있을 때, 다시 말해서 어머니가 완벽한 환경을 제공해주는 것과 유아로부터 천천히 철수하는 것에 실패했을 때, 유아의 정서적 발달은 부정적 영향을 받는다. |

## 2. 반영해주기

유아의 정서발달에 있어서 거울의 초기 형태는 어머니의 얼굴이다. 아기는 어머니의 얼굴을 보면서 자기를 보는 것이다. 초기에 어머니는 자신의 아기를 마음속에 온전한 인간으로서 가지고 있기 때문에 아기는 어머니의 얼굴을 보면서 자기 자신을 보는 것이다. 반영은 어머니와 아기가 서로 바라봄과 관련해서 이루어지는 것으로 아기에게 시선 접촉은 절대적으로 필요한 요소이다.

이때 아기는 미소 반응, 옹알이, 표정, 눈짓 혹은 손짓, 발짓 등으로 자기 표현을 시작하고 어머니의 반응에서 아기는 자기를 발견한다.

### ■ 반영 양육이 제공되지 못한 경우

① 아기에게 반영해주지 못하거나, 우울한 어머니 혹은 어머니가 억압된 무의식 속에 낮은 자존감으로 자기 멸시, 열등의식, 무가치감 등을 가지고 있다면 이러한 요소가 아기의 눈을 볼 때 무의식적으로 아기를 보는 시선에서 그대로 아기에게 반영되게 된다.

② 무의식적인 불안과 긴장 속에서 환경을 방어적이고 대응적인 지각을 통해서만 바라보게 되고 거짓자기를 발달시켜 거짓자기 속에 참자기가 숨어버리는 것이다.

③ 건강한 자존감은 유아가 발달 경험의 모체를 형성하는 강력하고 중요한 대상들에 의해 가치를 인정받고, 사랑받으며, 소중히 여겨진다고 느끼는 발달 경험들로부터 자라난다.

④ 중요한 대상으로부터 반응이 없거나, 과도하게 징벌적으로 거절하거나 엄하

게 제한하면 자존감은 심각한 손상을 입고 종종 자기 의심, 수치심, 열등감, 지속적인 부적절성의 느낌, 굴욕감, 엄청난 좌절과 실패감, 격노가 일어나게 되며, 태도는 순응, 적응, 동조, 눈치가 발달하고 감정의 통제가 안 되며, 자기 진실을 드러내지 못하는 아이로 성장하게 된다.

⑤ 이와 같이 어머니의 거울역할은 참자기 형성에 있어서 필수적인 요건이며, 돌봄에 있어서 핵심적인 부분이라 할 수 있다.

⑥ 유아가 발달하여 성숙의 과정이 정교해지고 동일시가 증가할 때, 유아는 어머니, 아빠 또는 다른 사람의 얼굴에서 자기가 반사되어 오는 것에 덜 의존하게 된다. 그러나 초기에 어머니의 반영은 어느 정도 내면화된 환경, 즉 '내적 자원'이 되므로 중요하다는 것이다.

⑦ 아기를 잘 안아 주고, 반영해주면서 만족스럽게 다루어 주며, 이것과 함께 아기의 적당한 전능 경험이 침해되지 않는 방식으로 대상이 제공될 때 자아의 통합이 이루어질 수 있다. 이 모든 것은 처음 시작에 해당하며 여기에서부터 유아의 정서적 · 정신적 발달에 관련된 무한한 복잡성 등이 생겨난다.

## 1) 반영과 공감의 실패 -쪼개진 자아-

### (1) 눈길 주기, 눈 맞추기

출생 후 한 달쯤 아기는 어머니의 얼굴을 쳐다보며 주의를 집중하고 아기의 눈을 통해서 어머니는 아기에게 사랑과 관심을 전달한다. 생후 3개월이 되면 아기는 눈의 움직임이 숙달되어 양쪽 눈의 초점이 잡히며 미소 반응을 나타낸다.

인격 형성의 초기 단계에서 어머니와 아기 사이의 진실된 감정 커뮤니케이션은 유아의 자아 응집력, 즉 자아 감각을 높이는 중요한 요소로 작용한다.

### (2) 눈 맞추기 실험

수개월 동안 두 명의 아기와 두 명의 어머니 관계에서 눈 맞추기를 필름으로 찍어서 눈길 주기의 반응 결과를 분석하였다.

① 첫 번째 어머니의 경우, 아기의 눈 맞추기에 어머니가 눈길을 주면서 아기의 존재에 반응했다. 눈으로 대화하는 것을 아기가 싫어할 때까지 눈길을 보낸 결과 아기가 유아로 성장했을 때, 자기 확신적이고 활동에 자신감이 있으며, 독립적이고, 대인 접촉을 좋아하며 자신의 흥미를 다른 사람과 잘 나누었다.

② 두 번째 어머니의 경우, 유아가 뚫어져라 쳐다보는 것을 싫증난 것으로 오해하고 장난감이 있는 쪽으로 어머니가 피신했다. 얼마 후 유아는 어머니를 응시하려는 노력을 포기하고 누워서 어머니를 외면하며 허공을 응시하고 혼자 노는 것을 배웠다. 이 유아는 아이로 성장했을 때, 외부 환경에 반응하지 않고 혼자서 놀며 감정을 잘 표현하지 않았고 대인관계를 피했다.

이 같은 실험 결과는 유아와 어머니의 감정 커뮤니케이션 결과 유아가 외부세계를 어떻게 기대하는가를 잘 나타내준다고 할 수 있을 것이다.

## 2) 거울전이(mirroring)

거울전이는 아기가 원하는 욕구를 거울처럼 반사시켜 충족시켜주는 어머니의 역할을 말한다.

① 아기의 자아 표현과 과장된 거품자아 때 어머니의 거울 전이가 필수적이다.

② 아기의 자아가 방해받거나 박탈당하면 좌절로 연결되어 아기는 마음의 평행을 유지하는 대상인 어머니를 이용할 수 없어서 어머니와 하나된 단계의 느낌(selfobject)의 실패를 경험하게 된다.

③ 쪼갬(splitting)이라는 방어로서 아기는 자아를 세분화시켜서 마음의 조직을 'all good'의 상태로 모은다. 자아 조직은 갈등이 없는 좋은 관계를 유지하기 위해 마음을 쪼개어 희생시키면 좋은 자아(good self)와 나쁜 자아(bed self)로

구분되고 분위기가 상황에 따라서 완전히 다른 사람으로 행동한다.

④ 어머니의 상실로 어려울 때 아기들은 격리를 참기 위해 어머니가 쓰던 물건·인형 등을 통해 대상(어머니)을 대신하는데, 이것을 대체 대상이라고 한다.

⑤ 자아를 좋은 것과 나쁜 것으로 쪼개거나 이상화 대상을 만들어서 자아가 통합되지 못하여 자아 응집력이 사라진다.

⑥ 자아 응집력을 회복하고 잃어버린 부분을 대체하기 위한 시도로서 새로운 대상자아를 끊임없이 찾거나 심리적으로 죽지 않고 살아 있다는 존재감을 느끼며 내면적으로 죽음 감각을 극복하기 위해 성에 집착하여 변태성욕자가 되기도 한다. 변태성욕자는 성행동이 즐거움과 관계의 나눔으로가 아니라 분노감·미움이 에로틱하게 나타난 경우와 어릴 때의 상처, 좌절에서 오는 적대감이 성의 관계로 흘러가서 복수적 활동으로 나타난 것으로 대별하여 볼 수 있다(박미리, 2012).

## 3. 전능감 북돋워주기

어머니는 아기를 안아줄 뿐만 아니라 아기에게 세상을 가져다준다. 흥분할 때 유아는 자신의 욕구에 적합한 대상을 불러내려고 한다. 이상적인 경우라면 그의 헌신적인 어머니가 즉시 그에게 그가 원하는 대상, 예컨대 젖가슴을 제공한다. 유아에게 이것은 '환각의 순간(moment of illusion)' 이다. 환각의 순간은 유아의 환상과 어머니가 제공하는 것이 일치하는 순간이다. 이때 유아는 자신을 전능한 존재로, 모든 창조의 원천으로 경험한다. 이러한 전능성이 견고하고 건강한 자기 발달의 기초라고 말한다. 어머니가 아기의 욕구에 공감해주는 것과 적절한 순간에 반응해주는 일은 중요하다(전보윤, 2012).

**'세상을 주는 어머니'의 기능은 심리발달에서 중요하고도 복잡한 역할을 담당한다.**

유아는 자신이 그 대상을 창조하였다고 믿게 된다. 계속해서 유아가 환상 속에서 무언가를 원하고 그의 어머니가 그것을 제공한다면 유아가 환상 속에서 불러내는 내용은 점점 더 현실의 세계와 비슷하다. 즉, 유아가 흥분해 있을 때 젖가슴이 다가오면 유아는 환상 속에서 자신이 공격할 목표를 떠올리고 유아가 그 목표를 떠올리는 그 순간에 실제로 젖꼭지가 나타나면 유아는 자신이 그 젖꼭지를 창조했다고 느낀다. 따라서 어머니가 유아의 환상에 적응해줄 때 유아는 자신을 전능한 존재로 창조의 원천으로 경험한다.

위니콧은 이러한 전능성이 견고하고 건강한 자기발달의 기초라고 생각했으며 이렇게 발달한 유아가 전능성을 경험하기 위해서는 모성적 헌신이 필요하며, 유아가 전능하다는 환각을 느끼기 위해서는 누군가가 유아에게 유아가 이해할 수 있는 형태로 세계를 가져다주기 위해 노력해야 한다고 말한다.

자신의 환상과 모성적 제공이 동시에 일어나는 일이 반복됨에 따라 유아는 자신이 외부 현실과 접촉하고 있다고 느끼게 되며 또한 그 현실을 지배하는 힘을 가지고 있다고 느낀다.

건강한 발달을 위해서는 짧은 시기 동안일지라도 완벽한 환경이 필요하다. 그 완벽한 환경이란, 모성에 몰두함으로써 유아의 욕구와 몸짓을 매우 정확하게 이해하는 어머니를 의미한다.

유아는 이제 전능한 창조와 통제의 환상을 즐기기 시작한다. 그리고 나서 점차 환상적 요소, 놀이 그리고 상상력을 사용할 수 있게 된다. 여기에 상징 형성의 기초가 있으며, 이 상징은 처음에는 유아의 자발성 또는 환각을, 그리고 궁극적으로는 유아에 의해 창조되고 리비도 집중이 이루어진 외적 대상 모두를 지칭한다.

유아는 자신과 대상 사이에 어떤 것 또는 어떤 활동이나 감각이 존재한다고 느낀다. 이 느낌이 유아와 대상을 이어줌으로써 상징 형성의 기초를 이룬다. 그러나 만약 이것이 유아와 대상을 연결시켜주는 대신에 분리시킨다면, 상징 형성으로 가는 길은 차단될 수밖에 없는 것이다.

유아의 환각과 자발적인 충동에 대한 어머니의 적응이 부족하거나 충분히 좋지 않을 때, 상징을 사용할 수 있는 능력의 발달과정은 시작조차 더디게 된다.

어머니의 적응이 처음부터 충분히 좋지 못할 때, 유아는 외적 대상에게로 리비도 집중을 시키지 못함으로써 심지어 심리적 죽음의 상태라고 표현할 수 있다. 또한 유아는 고립된 채로 남아 있으며 살아 있지만 거짓으로 살아 있는 것이다.

## 1) 전능감 제공자로서의 어머니

### (1) 충분히 좋은 어머니

충분히 좋은 어머니는 유아에게 짧게나마 전능성을 경험하게 해준다. 또한 어머니의 적응이 충분히 좋을 때 결과적으로 유아는 자신의 전능성과 충돌하지 않는 방식으로 마술적으로 나타나거나 행동하는 외적 실재가 있다고 믿기 시작한다.

이러한 믿음을 토대로 하여 유아는 점차 전능성을 포기할 수 있다. 어머니가 유아로 하여금 전능성을 경험할 수 있게 해줄 때 참자기는 유아의 약한 자아에게 힘을 주게 되고 유아는 자신의 삶을 갖기 시작한다.

### (2) 좋은 어머니가 아닌 경우

충분히 좋은 어머니가 아닌 경우에, 유아의 전능성 경험을 돕지 못하며, 반복해서 유아의 몸짓에 응해주지 못한다. 대신에 어머니는 유아의 몸짓을 자기 자신의 몸짓으로 대체하는데, 유아는 어머니에 순응하여 어머니의 몸짓을 자신의 것인 양 받아들인다.

유아의 이런 순응은 거짓자기의 가장 초기 단계이며, 이것은 유아의 욕구들을 감지하지 못하는 어머니의 무능에서 비롯되는 것이다. 참자기는 자발성을 가지고 있으며 이것은 세상의 사건들과 결합된다.

## 2) 환경-개인 편제상태

출생 직후 아기와 어머니는 하나 됨을 느끼며 일차 모성 몰입의 상태에서 존재의 연속성을 느낄 수 있다.

(1) 존재의 연속성

존재의 연속성이란 초기 유아의 내면에서 자발적으로 떠오르는 욕구들이 헌신적으로 몰입하는 어머니에 의해 충족됨으로써 느껴지는 유아의 주관적 느낌을 말한다. 이러한 존재의 연속성은 일종의 실존을 위한 청사진이라고 볼 수 있다. 존재의 연속성의 경험이야말로 유아가 창조적으로 살 수 있고 놀이를 할 수 있는 능력을 발달시킨다.

위니콧은 유아가 홀로 있을 수 있는 능력을 발달시키는 조건을 연구했다. 어머니가 아무것도 요구하지 않으면서 함께 있어줄 때 유아는 형태 없음과 편안하게 홀로 있음의 상태를 경험한다. 이것이 유아로 하여금 아무 필요도 느끼지 않는 완전한 비통합의 상태, 즉 욕구들과 자발적인 몸짓이 거기로부터 나오는 '존재의 연속성'의 상태를 경험할 수 있게 한다.

(2) 어머니의 '적응의 점진적인 실패'

다행히도 아기가 어머니의 예민한 반응을 필요로 하는 기간은 아주 짧다. 일단 전능하다는 환각을 충분히 경험하고 나면, 유아는 자신의 통제 밖에 있는 세계의 현실을 배우고, 지신이 가지고 있는 힘의 한계를 배워야 한다. 어머니가 조금씩 유아의 요구에 따라 세계를 제공하는 데 실패함으로써 유아는 현실과 한계를 배우게 된다. 어머니의 '적응의 점진적인 실패'는 유아가 자신의 자아를 분리발달시키는 과정에 있어서 본질적인 요소이다.

(3) 이행기 대상

어머니와 유아 사이에서 일어나고 있는 것을 객관적으로 거의 인식하지 못하고 있는 상태로서 어머니가 자신에게 영향력을 행하고 있다는 것을 유아가 인식하는 상태의 중간 경험을 의미한다고 볼 수 있다.

구강 성애적 만족기를 거쳐 인형을 즐겁게 가지고 노는 단계로 이행하는데, 이 두 현상 사이에는 인형을 대신하여 가지고 논다는 이행현상을 볼 수 있다. 즉, 처음의 구강 성애적 만족과 이후 참된 대상 관계 사이의 중간 경험을 얻게 해준다는 의미에서 이행기 대상이라는 개념을 사용한다.

이행기 대상이 존재하고 그것을 다루면서 유아는 실제 대상에 관심을 쏟게 되고 동시에 좋은 대상을 내면화하여 환상의 세계를 만들 수 있는 능력을 나타내는 것이다. 이러한 환경의 이행기(과도기) 세계가 창조적 환상, 문화, 예술의 기원이 되며 이것이 객관적으로 외부 현실을 창조할 수 있다고 생각하였다(정선주, 2011).

## 3) 개인화 과정으로의 진화

어머니와 자신이 분리되었음을 느끼고 개인화 과정으로 진화해간다. 어머니와 아기가 복잡한 상호 감정을 주고받을 때 어머니가 아기의 욕구에 충분히 반응하지 못하면 아기는 어머니를 통해서 자신의 욕구를 충족하려는 것을 포기한다.

### (1) 자폐

스스로 내면의 욕구를 충족하기 위해 자신의 내면에 집착하게 되어 자아 분화 과정이 일어나지 않으면 이것을 자폐라고 하였다. 유아 초기에 어머니를 전능하게 느끼도록 허용하다가 유아가 자기의 욕구좌절과 대상인 어머니에게서 분리 경험을 참을 수 있게 되면 이러한 환상을 점차 포기하게 하는 것이 좋은 어머니 역할이다.

### (2) 분리감의 의미

분리감이 나타나는 증거가 욕구와 동기에 대한 주장을 하는 때 이것이 자아감의 표현이며 이럴 때 너무 간섭을 많이 하거나 거리감이 너무 심하게 대하거나 하는 것은 건강한 자아 분리에 좋지 않다고 보았다.

### 4) 교육에의 적용

① 자기애의 심리적 뿌리가 유아적 전능감으로부터 시작된다. 그러므로 유아기에 아무 근거 없이 자신이 옳고 우월하며 특별하다고 느끼는 아기의 감정이 현실 검증을 거치지 않은 채 유지되면 자기애의 성인으로 자랄 수 있음을 인식해야 한다.

② 자기애의 부모에게서 양육되면서 동일한 감정을 물려받을 수 있다. 자기애자들이 스스로 인정하지 못한 채 내면에 숨겨두고 있는 감정은 수치심과 시기심이다. 다른 사람을 함부로 판단하고 평가하는 마음 밑에 있는 감정은 시기심이다. 불편한 자기 모습을 있는 그대로 받아들이는 대신 현실을 왜곡함으로써 수치심의 감정을 감추고자 하는 것이다.

③ 자기애의 사람과 얽혀 감정적 불편을 겪는 경험을 한다면 그 내면에 바로 동일한 무의식이 있음을 알아차리고 인정하는 것이 회복의 첫발이 될 수 있다.

④ 내면에 간직하고 있는 우월하다는 자기 이미지, 특별한 대접에 대한 갈망을 고집하지 않아도 됨을 이해할 필요가 있다.

⑤ 자기애의 상황을 거절하기, 경계 유지하기, 거절적 상황에서의 분노나 상한 감정을 묵묵히 수용하기, 자기애의 상황에 함께 놓이게 된 때 다함께 유익한 것이 무엇인지를 생각해보도록 이끈다.

Chapter 10

# 애착이론과 유아교육

## -따뜻하게 돌보기-

# 1. 애착이론

따뜻한 돌봄의 필요성, 중요성은 애착이론으로 설명할 수 있을 것이다.

① 어린 시절 어머니와 유아 사이의 안정적인 상호관계가 건강한 심리발달, 성격, 인성에 중요한 역할을 한다는 연결고리를 존 볼비가 과학적으로 입증하고 이론으로 정립한 것이다.

② 생애 초기 발달단계, 특히 영유아기에 애착대상(주 양육자)과의 관계 및 상호작용에서 어린 자녀와 양육자 사이에 형성된 강력하고도 지속적인 애착관계의 본질과 추이를 분석하였다.

③ 영유아기 단계에서 어머니의 유아 돌봄 행동은 아동기 이후 자신과 타인, 세상을 이해하는 기본적인 '작동 모델'을 만드는 데 가장 중요한 토대가 되는 것이다. 유아를 따뜻한 인정과 시선으로 공감해주고, 존중해주며 신뢰감을 주면서 일관된 보살핌으로 민감하게 반응해 줄 때 유아는 편안하고 자신과 타인을 존중하며 성격 좋고 사랑할 줄 알며, 세상을 향해 열린 마음을 가진 안정적인 사람으로 성장하게 된다.

④ 부모와 자녀의 상호작용에서 관계의 패턴 형성이 '내부 작동 모델(internal working models, 혹은 작동 모델)'의 개념으로 이해될 수 있음을 밝히고 있다(남현주, 2013).

알아봅시다

**■ 내부 작동 모델**

1. 정신분석의 한 과정이라 할 수 있는 '내재화(internalization)'과정을 거쳐 심리적으로 형성된다.
2. 사람들이 가지고 있는 자기에 대한 혹은 환경에 대한 인지적 지도, 표상, 도식 혹은 각본이라 할 수 있다.
3. 적응행동, 주관적 경험, 인지적 경험이 축적된 구조물이다. 애착 관련 사건에는 항상 정서가 동반되기 때문에 애착표상도 반드시 정서와 연결되어 있다. 자기 존중감, 환경에서의 자아 분리감, 자기 동일성의 느낌 등은 자기에 관한 작동 모델에서 기인한다.
4. 작동 모델은 자기 혹은 외부 세계에 관한 정보를 선택하는 중요한 인지구조기능을 수행한다.
5. 내부 작동 모델의 형태는 유아가 일상 속에서 부모와 주고받은 실제 경험으로부터 영향을 받는 것이다.
6. 유아 인성을 결정하는 것은 내부 작동 모델의 질이고, 내부 작동 모델의 질은 유아의 양육환경이 어떠했느냐에 따라 달라진다.
7. 만 3세 이전 부모와 상호작용한 경험을 내재화하고 만 3세 전후로 고정된 패턴을 나타낸다.

## 1) 안정 애착

어머니의 적절한 돌봄 행동은 따뜻한 시선으로 바라보기, 웃어주기, 충분히 안아주고 쓰다듬어주는 부드러운 접촉, 예측할 수 있고 일관성 있는 행동을 말하며, 아기가 어머니에게 가까이 가려는 모든 행동과 노력으로 어머니와의 눈 맞춤, 웃음, 울음, 안아달라는 몸짓, 어머니에게 기어가는 것 등을 아기의 '애착행동'이라고 부른다.

① 민감한 반응이란 부모가 아기의 신호를 주목하고 그 신호를 정확하게 해석하여 즉각적으로 적절하게 반응해주는 것이다. 아기가 도움을 요청하는 신호를

보냈을 때 부모가 일관성 있게 반응해주면 아기에게는 도움, 지지, 보호가 필요할 때 언제든지 도움을 받을 수 있다는 기본적인 신뢰감이 발달한다. 기본적인 신뢰감은 '안전애착'과 같은 것을 의미한다.

② 부모의 민감한 반응성은 자녀가 자라서 일생 동안 사용할, 사랑하고 협력하고 상호작용하는 능력뿐만 아니라 자기 통합감(self-integration)과 자기 가치감(self-worth)의 발달에도 매우 중요한 역할을 한다.

③ 부모의 민감한 반응성에는 최소한 자녀의 심리상태를 파악하고, 그 상태에 의미를 부여하는 두 가지 활동이 포함되어 있다.

④ 부모 자신의 내부 작동 모델을 토대로 자녀의 심리상태를 이해하고 반영(reflect)해 주는 매우 복잡한 인지적·정서적 과정이다.

⑤ 양육에의 민감성을 지닌 부모는 자녀가 애착행동을 보이면 기쁜 마음으로 받아주고 이와 반대로 부모를 벗어나 세상을 탐색하려고 할 때에도 자유를 허락하고 지원해 준다. 이와 같이 걸음마기의 안전애착에 결정적인 요인은 애착시스템과 탐색 시스템의 균형이다.

⑥ 부모는 상보적인 두 양육행동, 즉 지지와 안전을 제공하는 보호 행동과 두려움 없이 세상을 배우고 탐색하도록 격려하며 놓아주는 행동 사이에서 조화를 추구해야 한다. 이러한 조화 속에서 아기는 신뢰감을 발달시킨다.

⑦ 슬프고 가슴 아픈 일에 대해서는 기억을 간직하지만 일반화하지는 않는다. 가까운 사람에게 자신의 감정을 보일 수 있고 자신의 감정을 조절하는 데 도움을 받을 준비가 되어 있으며, 자신의 분노를 받아들이고 조절할 수 있는 방식으로 표현할 수 있다.

## 2) 불안정-회피 애착

① 불안정 회피형 애착은 유아가 성장하는 데 필요한 사랑이 부족해서 형성된 애착 유형이다. 어머니와 가까이 있으려는 아기의 본능적 행동이 거부당하고,

어머니의 사랑을 충분히 받지 못한 탓에 외로움과 억울함이 마음속에 혼재되어 있다.

② 지속적인 무관심, 부족한 사랑, 거부당하는 분위기 속에서 성장하여 사랑 자체, 즉 감정 자체를 회피하고 무시하며 다른 사람과의 관계를 피하게 된다.

③ 부모가 보이는 양육 태도는 차갑고 엄하며 화를 잘 내는 어머니의 모습으로 나타난다. 자신의 욕구와 감정을 억제하고, 다른 사람의 감정과 욕구도 무시하며, 유아에게도 공감해 주지 못하는 태도를 보인다. 거리두기, 거절감 등이 있다.

④ 부모가 자녀를 지속적으로 비난하고 잔소리가 심하며 짜증과 화를 내면서 유아를 통제하려 할 때도 회피적인 불안정 애착이 형성된다.

⑤ 물리적, 정신적으로 부모가 없었던 경우에도, 부모와의 사별이나 부모의 이혼 또는 어머니나 아버지가 병원에 장기간 입원하여 부모・자녀 간의 접촉이 차단된 경우와 부모와 자주 떨어져 지낸 경험도 안정적 애착 형성을 방해한다.

⑥ 학령기에는 다른 아이들을 괴롭히는 경향이 있다. 냉담하며, 이해심이 부족하고 다른 아이들을 약 올리며 괴롭히는 행동에서 즐거움을 얻는다.

⑦ 회피형 애착 유형의 사람들은 남과 있으면 불편하고 혼자 있어야 편한 사람들이다. 어린 시절 반복적으로 반응이 없거나 무시하는 부모에게 거부당한 경험으로 부모와의 감정적인 연결이 차단되어 있다.

### 3) 불안정-집착 애착

① 일관성이 없고 자녀의 자율성과 독립성을 보장해주지 않는 부모 밑에서 자란 유아들은 양가형(집착형)이 된다. 이런 유아의 양가성은 내부 작동 모델에 모순된 부모의 모습이 담겨 있기 때문이다. 부모가 유아에게 일상적으로 일관성 없이 반응하거나 반응해주지 않는다면 안전감이 손상된다.

② 양육자가 유아의 욕구에 반응을 해주고 만족시켜 주기는 하는데, 일관되게 지속적으로 해주지 못한다. 부모가 해주다, 해주지 않았다를 반복했기 때문에 유아는 요구할 게 있을 때마다 매우 힘들게 얻어내곤 한다. 이랬다 저랬다 하는 부모 때문에 부모를 믿을 수 없는 유아는 필요한 모든 것을 떼를 써서 얻어내는 경험을 반복적으로 하게 된다. 이랬다 저랬다 하는 양육자는 유아를 밀어냈다가도 미안해하면서 지나치게 잘해주기를 반복한다.

③ 어머니와의 분리에 쉽게 진정되지 않고 서럽게 우는 경향이 있으며 놀이로 돌아가지 못한다. 어머니에게서 떨어지지 않고 놀지도 않는다. 정서적으로 불안정하고 쉽게 당황하며 쉽게 좌절하는 경향으로 심리적 혈우병에 걸린 것처럼 심리적 상처는 아물지 않는다. 학령기 또래관계에서 희생양이 될 가능성이 높다.

④ 관심에 굶주리고 쉽게 좌절했던 유아들은 자신의 능력으로 쉽게 할 수 있는 간단한 과제에도 늘 도움을 청하는 모습을 보인다. 의존성이 많고 거절당할까봐 두려움이 많으며 자립심이 부족하게 된다.

⑤ 이는 회피애착 유형이 감정을 지나치게 억제하거나 회피하며 논리적으로만 대인관계를 해결하려는 것과는 반대되는 경향이다. 전반적으로 자존감이 낮아서 다른 사람에게 의존하기 때문에 다른 사람과 쉽게 관계를 맺고, 한번 맺은 관계에 집착하는 성향을 보인다.

### 4) 와해 혼돈 애착

① 혼돈 애착 유형의 유아는 병리적인 증상을 보이는 유아들로 상실, 학대, 혹은 다른 외상적 사건을 경험한 유아들에게서 볼 수 있다. 자녀에게 반복적으로 심각한 외상을 준 부모를 '외상 유발 부모'라 한다. 이런 부모는 자녀를 성적·신체적으로 학대하거나, 정서적으로 잔인하게 대하거나, 성인들의 변태적인 성행위에 끌어들이거나, 불필요한 분리나 유기 등 병리적인 양육태도를

보인다. 유아학대를 당한 유아들의 80% 이상이 '와해-혼돈형 애착'을 보인다.

② 유아의 행동은 처음에는 이상행동이 없는 것처럼 보이기도 하지만 시간이 지나면서 드러나는 증상은 분노 조절이 안 되며, 규율을 지킬 줄 모르고, 약한 아이들을 괴롭힌다. 혹은 주변 환경에 거의 관심을 보이지 않고 혼자서 딴 생각을 하며 반복적으로 몸을 긁적거리거나 틱 증상을 보이는 등 명백한 문제 행동을 보이기도 한다.

③ 보울비는 미성년자의 반사회적 행동은 초기 애착장애에 뿌리를 두고 있다고 하였다.

④ 성찰능력이 뛰어난 부모는 자신이 어려운 환경에서 자랐을지라도 그것을 극복하고 자녀에게 안전애착을 심어줄 수 있다. 보율비는 애착이론에서 영유아기의 초기 발달에 초점을 맞추었지만 영아기부터 늦은 청소년기까지의 전체 미성숙기를 성격 형성의 중요한 시기라고 생각했으며 더욱이 '발달'이라는 용어는 전 생애에 적용되는 것이라고 했다(방희정, 2009).

## 2. 애착발달단계

**| 표 10-1 | 애착발달단계**

| 단계 | 특징 |
|---|---|
| 1단계 | • 생후 6개월 정도에 해당하는 시기인데, 유아는 울기와 빨기, 미소 짓기와 같은 본능적인 행동을 통해 양육자가 유아에게 반응하고 감정적으로 아기에게 몰두하도록 강압하며 유혹하기를 번갈아한다.<br>• 어머니와 유아는 신체적으로나 감정적으로 서로에게 가까이 있으려는 강한 동기를 갖게 되고 오래 떨어져 있는 경우 둘 다 불안감을 느낀다.<br>• 이 시기의 아기는 자신에게 반응해주는 사람과 적극적으로 관계하면서 양육자의 적극적인 돌봄을 안전기지로 삼아 사물과 세상에 대한 탐험을 시작한다. |
| 2단계 | • 6개월에서 3세 이전까지에 해당되는 시기로서, 유아는 주된 양육자에게 강렬한 애착을 보이며 모르는 사람에 대해 위협을 느끼는 '낯선 사람에 대한 불안(stranger anxiety)'을 드러낸다.<br>• 이 시기의 유아는 주된 양육자와 물리적으로 가까이 있으려는 강한 욕구를 가지며 장기간의 분리를 겪는 경우 주요한 트라우마(trauma)를 겪게 되고 유아는 새로운 애착관계를 형성할 수 없게 된다. |
| 3단계 | • 대략 3~4세를 넘기면서 유아는 어머니가 어디에 있는지 또는 언제 돌아오는지를 알고 있으면서 실제로 어머니가 눈에 보이지 않는 것을 견딜 수 있게 된다.<br>• 기어다닐 수 있게 됨에 따라 어머니를 안전기지로 사용하되 어머니와 떨어져 어머니로부터 덜 의존적인 단계, 자신이 보고 들은 것으로부터 정보를 추론할 수 있는 단계 그리고 내면의 안전기지를 발달시키는 단계에 이른다.<br>• 애착의 유형과 삶의 여건에 따라 다소 차이가 있으나, 대부분의 사람들은 자신들이 의지할 수 있을 뿐 아니라 서로 소중하게 인정하고 인정받을 수 있는 안전기지로서의 소수 몇 사람을 필요로 한다. |

- 일차적 애착 대상인 어머니가 '안전기지'로서의 역할을 해야 한다고 주장한다. 또한 중요한 사람으로부터 일시적 또는 지속적으로 분리되는 경험을 위기 상황으로 간주하고 '안전기지'의 필요성을 강조하는데, 충분한 '안전기지'는 발단단계에 있는 유아에게 안식처를 제공하고 세상으로 나아가는 힘을 제공한다.
- 충분히 안전한 기지가 없으면 유아는 불안을 느끼며, 관계와 관계를 위한 새로운 기회에 대한 경험이 '내적 작동 모델'로 부호화되는 것을 방해한다. 내적 작동 모델이란 환경을 이해하는 개념적 틀이며, 발달하는 유아는 상호작용 경험을 통해 관계에 대한 일련의 모델들을 틀로 구성하고 그 틀을 통해 자신의 행동을 유도한다(서수정 외, 2007).

# 3. 정신분석이론과의 비교

## 1) 애착이론과의 유사점

**| 표 10-2 | 애착이론과의 유사점**

<table>
<tr><th>정신분석이론</th><th>애착이론</th></tr>
<tr><td>• 어머니에 대한 애착의 중요성을 뒤늦게 포함시켰다.</td><td rowspan="3">• 보울비는 생후 18개월 된 유아가 유기와 고립에 의해 고통받는다는 프로이트의 관찰에 주목하였다(프로이트의 1920년 논문).</td></tr>
<tr><td>• 아기가 어머니를 잃을까 봐 두려워하는 것을 충족되지 않은 본능의 두려움으로 보았고, 불안의 뿌리가 된다고 하였다(프로이트의 1926년 후반에 쓰인 논문).</td></tr>
<tr><td>• 어머니에 대한 유아의 관계는 독특하고, 일찍부터 자리잡고 변하지 않으며 미래의 모든 사랑의 관계의 원형이 된다고 보았다. 사랑받는 경험은 자긍심과 밀접한 관련이 있음을 인정하였다.<br>• 유아가 받아들이는 어머니의 돌봄의 질보다 계통발생적인 근거를 더 강조하였다. 다시 말해, 프로이트는 생물학적 관점을 가지고 인간을 바라본 것이다.</td></tr>
</table>

## 2) 애착이론과의 차이점

**| 표 10-3 | 애착이론과의 차이점**

| 정신분석이론 | 애착이론 |
| --- | --- |
| • 생후 3~4세경의 오이디푸스 시기에 초점을 맞추었다. 그 결과로 그 이전 시기에 대한 중요성은 간과되었다. | • 정통 프로이트 학파나 클라인학파가 검증된 지식의 구성체가 아니라 비과학적인 영향 하에서 의미와 상상에 치중한 것에 대해 비판을 가하면서 '욕동'에 관한 이론과 '관계'에 관한 이론 사이에서 특이한 입장을 취한다. |
| • 본능적 욕구를 강조하였다. 초기 유아-어머니 관계 자체에 대해서는 깊은 통찰이 없었다. | • 정신분석을 발달심리학과 동물행동학 및 체계이론과 연결시킨 애착이론을 주장한다.<br>• 인간이 환경과의 상호작용 속에서 관계를 만들고 유지하는 생래적인 행동 패턴을 가지고 태어난다는 것을 전제하기 때문에 인간의 발달이 애착 대상과 다른 중요한 사람에 대해 애착을 유지, 형성하는 과정이라고 말한다. |
| • 에고(ego)에 대해서는 역동구조론에서 언급하였지만 자기(self)의 통합기능에 대해서는 언급하지 않았다. | • 현실적인 최초의 애착 대상은 어머니이지만, 애착 대상이 성별이나 친족관계와는 무관하게 모든 주된 양육자를 포함한다는 점에서 애착이 수유에서 파생되는 것이 아닌 감정적인 성숙을 위해 필수적인 것임을 입증한다. |
| • 유아기 언급은 추상적이며 비임상적이다. 다소 기계적이면서 획일적인 면이 강조되어 있다. | |

### 생각해봅시다

**■ 존 보울비(Edward John Mostyn Bowlby, 1907~1990)의 이야기**

보울비는 20세기 서구 사회의 핵가족의 고립을 개탄하고 어린 아이를 돌보는 일을 양육자 한 명이 도맡아 하는 일이 너무나 고되고 고립된 일이라는 인식하에 주된 양육자 이외에 부가적인 애착 인물을 강조한다. "아이는 어머니가 돌봐야 한다"라는 보울비의 주장은 페미니즘의 강한 저항에 부딪히고 왜곡된 목적을 위해 이용될 가능성이 높으나 이 같은 주장은 제2차 대전을 거치면서 모성에 대한 강조와 박탈이 여성에 대한 노동의 필요 유무에 따라 정치적인 목적에 의해 이용되는 것을 경험한 그로서는 당연한 것이었다.

그는 신생아조차 어머니의 보살핌에서 떼어 놓는 당시 사회정책에 분노를 표하면서, 특히 3세 이하의 유아가 자발적이고 행복한 어머니에 의해 양육되는 것이 이상적이라고 제안하였으며 어머니가 육아로부터 휴식할 수 있는 시간을 가질 수 있다는 점에서 3세 이상의 유아를 보육시설에 보내는 것을 권장하였다.

보울비의 이론은 공동 육아라는 흑인 공동체의 전통으로부터 단절된 도시 핵가족 가정의 흑인 어머니들이 바쁜 현실에 내몰려 자신들의 양육에 대한 열정에도 불구하고 모성부재를 초래하게 된다는 측면에 비중 있게 적용된다.

Chapter

# 11

# 자아와 인지발달

## -상상과 현실 검증력 북돋워주기-

# 1. 자아발달과 상상

영유아기의 사고의 특징으로서 전능적 인과성의 특성을 나타낸다. 마술적 사고는 인지의 전능성에서 기인한다고 볼 수 있다.

원인과 결과를 잘 연결하는 사고가 계속적으로 발달해야 하는데, 이 시기는 아직 이런 인지특성이 발달과정 중에 있는 시기이다. 이러한 인지특성의 발달적 의미를 살펴보자.

① 영아기는 어머니와의 분리를 인식하고 어머니와 영아가 서로 분리되었다고 생각하는 상실에 대한 불안이 몰려오면서 애착발달을 이행해간다.

② 주도성, 분노, 성적 행동 등에 대한 통제를 실천하면서 사회화가 이루어진다.

③ 사회화의 이행과정에서 착한 것, 나쁜 것의 평가는 내면의 만족감과 죄책감의 원천이 된다.

④ 유아들은 또래들과의 사회적 참여 및 그 과정에서 상황에 대한 이해는 없지만 여러 모양으로 갈등을 경험하고 그것이 때로는 상처가 되기도 하는데, 이 시기 동안 유아들에게 일어난 일들 혹은 행동 양상들을 유아 스스로 충분한 이해과정 없이 겪어낸다고 보아야 할 것이다.

⑤ 이해할 수 없이 또는 그럴만한 상황적 여유 없이 유아들은 경험하고 겪어 지내기 때문에 유아들의 사고 가운데 상상이 그대로 고착된 왜곡이란 것이 일어날 수 있다.

⑥ 유아기에 갖게 된 이유 없는 현실에 대한 상상과 잘못된 왜곡이 발달적 신경증의 원인 혹은 가장 핵심적인 사건이 되기도 한다.

⑦ 예를 들어, 유아들은 어머니 · 아버지 사이에 갈등과 때로는 다툼을 목격하며 지내기도 할 것이다. 그것이 가끔 있는 일이 아닌 경우 유아들은 자신의 주변

에서 일어났던 불쾌하고 어두웠던 기억에 대한 것을 자신과 연관 짓기 시작하면서 그것을 자신에게 귀인하기도 한다.

⑧ 신체적으로 학대받은 유아들은 자신에게 가해진 고통이 자신이 불러일으킨 것이라고 생각하는 과도한 신경증 양상은 발달적으로 과도한 상상, 인지 왜곡과 깊은 연관이 있다.

⑨ 영아는 자기 울음소리가 어머니의 출현을 이끌어 낸다든지 또는 자신이 몸을 움직이면 눈에 보이는 어떤 물건이든지 흔들리고 춤추게 만들 수 있다고 믿는 듯하다.

⑩ 정상발달의 과정에서는 이러한 상상적(전능성의) 사고가 경험을 통해서 계속 수정되어 나간다.

## 2. 시기별 특성
### -인지와 자아 중심성과의 연관-

피아제는 자아중심성을 자기 자신의 관점에서만 물리적·사회적 세계를 지각하는 것으로 정의하였다. 결과적으로 자기의 특성이 객관적 환경의 특성을 정의하고 해석하는 데 사용되는데, 이때 나 자신과 나 아닌 존재와의 엄연한 차이와 구별에서 혼동된다.

### 1) 영아기

영아는 대상의 존재 자체가 그 움직임에 의해 결정된다고 믿는다. 대상영속성의 발달이 이루어지는 과정으로써 세상은 그들이 그것을 지각할 수 있거나 행위할 수 있을 때에만 존재한다.

### 2) 유아기

다른 사람들도 자신만의 관점이 있다는 것을 이해하지 못한다. 자신이 보는 것을 그대로 믿는다. 보존개념이 획득되지 못한 상태에서 잘못된 믿음들, 옷을 바꾸어 입으면 자신의 성이 달라진다고 생각하는 잘못된 확신을 갖게한다. 전능적 사고기로써 자신이 주변의 사상들을 일으키는 행위자라고 생각한다.

### 3) 아동기

인지적 전환이 일어나는 시기인데, 사고의 원초적 양식이 다시 나타나기 시작하는 시기이다. 자아 중심성이란 자아 의식의 또 다른 양상이라고 할 수 있다. 아동이 지각적 감각보다는 이성을 통해서 세상을 이해할 수 있게 된다.

자아발달이 순조롭지 못한 경우 마술적 · 전능적 사고가 논리이성적 사고로 대체 되는 데 어려움이 생길 수 있다.

# 3. 사회적 조망 수용의 획득

인지의 자아 중심적 특성의 반대편에 사회적 조망 수용능력이 자리하고 있다.

## 1) 유아기

유아기는 자신과 다른 사람의 생각과 입장이 다르다는 것을 거의 생각할 수 없는 단계이다.

## 2) 아동기

7~12세는 자기 자신의 생각, 느낌, 행동을 다른 사람의 관점에서 볼 수 있게 된다. 그러나 인지적인 사회 조망 수용능력이 사회적 관계에 기초한 행동으로 까지 연결되는 것에는 또 다른 기제가 작용한다.

## 3) 초기 청소년기

인지적 전환이 일어나는 이 시기는 사고의 원초적 양식이 다시 한 번 반복해서 일어날 수 있다. 사회적 조망 수용능력의 획득 이전 단계의 자아 중심성이 초기 청소년기에 다시 한 번 자아 의식의 표현으로 나타난다는 것이다. 예를 들어, 초기 청소년은 자신이 하는 행동에서 누군가가 웃고 있는 것을 보면 그것이 자신에 대한 것이라는 직선 연계 사고를 통하여 급작스런 행동으로 반응할 수도 있는 상태가 되는 것이다.

# 4. 상상과 현실 검증력의 균형

## 1) 현실 검증력 촉진

① 유아들에게서 인지의 변화는 어떻게 일어나는가? 현실에서의 잘못된 생각들을 수정하고 바로 잡혀지는 현실 검증 상황에 많이 노출될수록 인지 성장은 내실 있게 변화 발전해간다.

② 이러한 과정을 현실 검증이라고 하는데, 잘못된 생각, 과도한 상상이 현실적인 행동을 안내하는 역할에 실패하게 되면 잘못된 생각을 현실에 맞게 수정해야 할 필요성이 발달과제로 나타나게 된 것이라 할 수 있다.

③ 건강한 성장을 위해서 현실 검증력이 매우 중요한 매개요인이 된다. 정상적 발달과정에서는 영유아기의 마술적이면서 전능적 사고가 논리적 사고로 대치되어 나타난다.

## 2) 언어를 통한 인지 조절 기능

① 비고츠키는 언어 사용이 인지발달을 위한 도구 정도로 사용되는 것이 아니라 인지 조절에 직접적인 영향을 주는 매개체라고 보았다.

② 고등 정신능력의 향상과 인지 조절작용은 사람들과의 언어 사용을 통해 촉진될 수 있다.

### 3) 귀인과정의 반복적 성찰

① 사회적 상황과 사회적 문제해결에 작동하는 귀인과정을 살펴보면 귀인이란 행동의 원인에 대한 추론을 뜻한다.

② 공격적인 유아들은 다른 사람의 행동이 악의가 없었고 우연적인 것이었더라도 적대적 의도가 있다고 귀인한다. 그래서 더 공격적 행동을 많이 하며 보상을 얻고 자기존중감을 증가시키는 데에 공격성이 효과적이라고 믿는다. 그러나 귀인과정의 반복적 성찰과정을 통하여 다른 입장과 상황을 바라보도록 이끌어 줌으로써 현실에 적합한 사고로 나아갈 수 있어야 한다.

Chapter
# 12

# 자아와 사회성발달

## -사회적 이해능력 북돋워주기-

# 1. 시기별 특성

## 1) 보행기

① 영유아교육기관 상황에서 보행기 유아들은 일시적이고 즉흥적 특성을 나타내긴 하나 친구를 선택하고 고정된 또래에게만 집중하며 관심 및 애정의 대상화를 시작하게 된다.

② 이러한 관계가 지속적으로 상호적이진 않다.

③ 보행기의 우정이 관계성에 있어 양육자와의 애정과는 양상이 다르지만 또래관계의 시작이라는 발달의 새로운 차원과 국면이 만들어진다는 점에서 매우 의미 있는 상황이라고 할 수 있다.

④ 어머니보다 덜한 애정관계로서의 의미가 아닌 새로운 관계의 차원이 펼쳐진다는 점이 중요한 발달의 제시점이라 할 수 있다.

## 2) 유아기

① 유아기 상호관계의 특성은 '일방적 말하기'가 아닌 상대방을 고려한 대화를 할 수 있게 되고 이것이 사회적 관계의 매우 중요한 기초로 작용한다는 점을 들 수 있다.

② 함께 놀이하는 상황에서 협력의 횟수가 증가하는 것을 관찰할 수 있다.

③ 유아기의 사회적 관계를 지속시키는 요인으로 협동하기, 개인 물건에 대해

존중해주기, 긍정적 제안을 할 수 있기, 새로운 상황 받아들이기 등이 작용한다.

④ 공격성이 높은 유아, 시비가 잦은 유아, 지배적이고 분리를 자주 하는 유아 등은 사회적 관계의 지속성이 낮게 된다.

# 2. 사회성발달 관련 요인
## -개인 간 특성-

### 1) 사회적 조망 수용능력

① 유아기에 이루어지는 사회적 조망능력의 획득은 자아중심성을 완화시키기 때문에 사회성을 촉진시키는 요인으로 작용한다.

② 이러한 사회 조망능력은 영유아기 양심의 경직된 권위성을 완화시키는 역할을 한다.

### 2) 인지, 사회 문제해결력

① 갈등해결에 관여하는 요인을 인지적, 사회 문제해결력의 발달로 설명할 수 있다.

② 여러 가지 상황적 요소의 이해, 사회적 단서에 대한 정확한 해석능력, 현실적으로 가능한 문제해결력의 다양한 방법 모색, 그리고 효율성에 대한 평가 판단, 도출된 전략 등에 대한 실제 실천력 등이 관여한다.

③ 유아기의 문제해결방법으로는 충동적 자신의 요구를 그대로 실행하는 경우가 많은데, 점차 인지적, 사회 문제해결력을 획득함으로써 다른 사람의 요구도 수용하고 타협하려는 시도를 자주하게 된다.

### 3) 문제해결 실천력

① 유아기의 문제해결 실천방법은 빼앗기, 밀어버리기, 다른 유아에게 명령 내리기 등으로 나타난다.

② 좀 더 나이든 유아는 다른 사람의 요구도 고려하고 설득, 타협할 수 있게 된다.

### 4) 공감능력

① 사회성의 감정적 요소로서의 공감은 다른 사람의 감정을 알아차리고 대리적 감정 반응을 하는 것이다.

② 유아기가 되면 다른 사람이 겪고 있는 스트레스에 대하여 공감적으로 반응할 수 있게 된다. 공감능력은 연령의 증가에 따라 증가하고 공감을 일으키는 요소들도 다양하게 된다.

③ 공감능력은 다른 사람과 어떻게 잘 지낼 것인지를 배우기 시작하는 때에 매우 효용적인 관계능력의 하나라고 할 수 있다.

### 5) 존중감

① 유아기는 능력의 검증을 통하여 존중감을 또래관계에서 확인받을 수 있게 되면 사회인지적 자아발달에 매우 좋은 조건이라고 할 수 있다.

② 부모와의 관계에서는 조건 없이 받는 사랑이었으나 우정과 또래관계에서는 존중받을 만한 능력의 소유 여부가 매우 주요한 관계요인으로 작용하게 된다.

③ 실제 상황에서 운동능력이나 인지활동, 흥미로운 활동 보이기 등을 이끌어내

어 다른 유아들과 스스로를 비교하게 된다.

④ 이러한 비교가 다른 친구들에게 실제적인 기여를 하여 스스로 가치로움을 인식하게 될 때 사회 속에서 관계를 맺고 함께 만들어가는 삶의 의미를 보다 확고하게 자아감에 자리 잡게 된다.

# 3. 사회적 관계의 이해와 표현

유아가 친사회적 행동을 학습하고 반사회적 행동을 최소화하는 데 있어 교사와 또래는 중요한 역할을 한다. 인지능력의 제한으로 보행기 유아들이 지속적인 이타 행동을 보이기는 어렵다.

## 1) 이타적 행동

① 다른 사람에게 수용 가능한 행동을 하는 것은 사회적 관계의 안정을 이루며 이것이 친사회적 행동의 기초가 될 수 있다.

② 이타적 행동은 친 사회적 행동의 대표적 행동이며 연령이 증가할수록 타인의 입장을 이해하고 다른 사람의 관점을 보다 잘 수용할 수 있기 때문에 좀 더 연령이 있는 유아가 친사회적 행동을 많이 표현하리라 본다.

③ 친사회적 행동은 사회적 조망능력의 경험이 풍부할수록, 인지능력의 표현, 타인의 감정 이해와 감정이입의 경험이 많을수록 계발될 수 있다.

④ 3세가 되면 유아는 이야기에서 표상되는 이야기가 행복한 내용인지 슬픈 내용인지를 구별할 수 있게 된다. 또한, 보행기 유아들도 다른 유아가 아파하면 함께 아픔을 나타내곤 한다. 상황에 알맞은 감정을 찾을 수 있는 것이다.

⑤ 같은 연령의 유아라도 이타행동의 경험을 수용해 온 횟수와 질에 따라 다른 수준의 이타행동을 보인다. 그러므로 이타적 상황의 경험이 이타행동의 주요한 요인이 될 수 있다. 이타적인 사람과 행동, 이야기, 그림, 드라마 등도 이

타행동에 영향을 준다.

### 2) 협동

① 이타적 행동은 협동을 이끌어 낼 수 있다. 또래들과 상호작용을 하면서 자신의 경험을 서로 공유한다거나 순서 지켜 활동하기, 서로 협동하는 상황을 관찰하면서 협동을 배우게 된다.

② 유아들의 자기중심적 특성은 다른 또래의 조망을 수용하는 데 장애가 된다.

③ 성숙과 상호작용의 경험을 통해서 놀이에 있어서도 협동과 연합놀이의 형태가 나타난다.

④ 이타행동의 하위요소로서 만족을 지연시키는 능력, 나누는 능력, 자신의 순서를 기다리는 것 등이 유아기 동안 형성될 수 있도록 안내해야 한다.

⑤ 유아가 협동하고 서로 이타행동을 나타내 보일 동안 그 상황을 구체적으로 지적하여 칭찬해 준다면 그와 같은 행동을 강화하는 것이 된다.

⑥ 어린 유아들에게는 이타행동과 협동이 일관되게 나타날 수 없으므로 과도한 기대는 무리이나 상황에 따라 교사들이 유아 앞에서 협동적인 행동을 보여준다.

### 3) 독립심

① 보행기 유아는 다른 사람, 특히 교사에게 의존적이다.

② 5세가 되면 점차 독립적 행동이 증가된다. 이때의 의존성은 두 가지 형태로 나타나는데, 도구적 의존성과 정서적 의존성이다.

③ 도구적 의존성은 많은 상황을 다른 사람에게 의존하며 독립적으로 자신의 일을 스스로 수행하기 어려운 특성을 말한다.

④ 정서적 의존성은 친숙한 교사에게 가까이에 있으면서 의지하는 것으로 이러한 형태도 영유아에게 특히 많이 나타난다. 그러나 유아의 이러한 의존성이 단순히 발달적인 특성으로 성숙에 따라 변화하기보다 의존적 패턴으로 이끄는 주변 환경의 영향이 요인이 될 수 있다.

## 4) 지도력

① 유아에 따라 활동 상황에서 지도력이 발휘된다.

② 유아 초기에서부터 지도력이 발휘되는 유아들이 있다. 대체로 지능이 또래보다 높은 경우, 놀이에서 보다 창의적인 생각을 가지고 있는 유아가 리더가 될 확률이 높다.

③ 리더의 특성은 매우 활동적이고 다른 유아와 상호작용하며 반응하는 일에 주도적이다. 다른 유아를 조정하지 않지만 함께 하는 놀이 속에서 기쁨을 준다.

④ 유아들 간에도 진정한 리더는 협동적인 상황이 되면 추종자의 역할도 한다.

# 4. 교육에의 적용

① 교사는 유아에게서 나타나는 독립적 행동을 격려해 준다.
유아에게 스스로 활동하도록 이야기해주고 도움이 필요하지 않은 상황에서 도움을 요청할 때는 무조건 수용하지 않는 자세가 필요하다.

② 유아에게 나타나는 이러한 특성은 도구적 의존의 형태이나 그 이면에 정서적 의존을 하려는 경우가 많아서 나타난다고 볼 수 있을 것이다. 도움을 구하면서 교사의 관심을 끌려는 것이다.

③ 이 같은 행동은 어떻게 지도해야 할까? 먼저, 교사는 유아의 의존적 필요를 인식한다. 그러나 유아가 다른 상황에서도 의존적이 되도록 함으로써 의존적 행동을 강화하는 결과를 초래해서는 안 될 것이다.

④ 유아의 필요를 살피면서도 독립적인 행동을 격려하는 세밀한 지도가 필요하다. 보행기 유아들이 자신의 의존을 교사에게서 또래로 전이하고(보다 독립적이 되기 전) 그러한 상태에서 성공적인 경험을 하게 되면 다음 단계에서 독립적이 될 수 있다.

⑤ 교사들은 또한 친사회적 행동에 보상을 주어야 한다.

⑥ 유아들이 협력하여 놀이를 하고 있을 때 긍정적인 격려와 인정은 매우 중요하다. 유아들이 다른 친구를 돕는다든지 하는 이타행동을 보일 때도 격려를 제공한다. 유아들이 다른 또래가 교사에게 격려받는 것을 보게 된다면 그들 스스로도 그와 같은 이타행동을 모방할 가능성이 높아지는 것이다.

⑦ 학급에서 친사회적 행동을 강조하는 동안, 반사회적 행동이 줄어들 수 있게 될 것이다.

Chapter

# 13

# 자아의 그림자 이해

## -불안과 공격성 다루기-

# 1. 불안

## 1) 자아 – 뿌리로부터의 불안

① 불안의 개념은 프로이트의 개념으로부터 유래하는 데 사회화의 개념에 불안은 매우 중요한 기제이다. 어머니의 훈육의 고통을 피하기 위해 주도성의 일부 활동을 포기하는 과정을 통하여 사회화가 이루어진다.

② 불안이 너무 고통스러우면 개인은 그 불안으로부터 방어하기 위해 어떤 일을 하게 된다고 한다. 프로이트가 설명하는 불안에 대한 다양한 방어기제에서 발달적 측면의 의미를 살펴보면 다음과 같다.

- 방어기제가 너무 완벽하게 강력하면 왜곡된 현실 그 자체를 제대로 볼 수 있는 기회가 없는 것이다. 현실 왜곡이 이성의 왜곡과 더불어 일어날 수 있다. 그러나 방어기제의 활용과 사회화는 접목이 가능하다고 할 수 있다.
- 방어기제를 유연성 있게 사용하여 고통스런 상황을 잘 다루어 갈 수 있도록 활용하는 것은 건강한 영유아들의 특성이라 할 수 있으며 이 시기가 지나가면 불필요한 방어기제를 버리고 진실함으로 회기하기도 한다.
- 방어기제가 너무 굳어버리거나 여러 측면 혹은 극단적이거나 매우 좁은 범위에서 나타나면 이후 성장에 좋지 않은 걸림돌이 될 수도 있다.

## 2) 자아의 보호막 활용

**| 표 13-1 | 방어기제의 유형**

| 종류 | 특징 |
|---|---|
| 억압<br>(Repression) | • 가장 흔히 쓰이는 방어기제로 의식에서 받아들이기 곤란한 욕망, 충동, 생각들을 무의식으로 밀어넣는 것이다. |
| 부인<br>(Denial) | • 의식화된다면 도저히 감당하지 못할 어떤 생각, 욕구, 현실적 존재를 무의식적으로 부정하는 것이다. |
| 투사<br>(Projection) | • 자신이 무의식에서 품고 있는 여러 가지 공격적 계획과 충동을 남의 것이라고 생각하는 경우이다.<br>• 이는 어려서 자기가 배설한 대변을 자기 것이 아니라고 여기고 싶은데서 출발한 것이다. |
| 퇴행<br>(Regression) | • 인생의 성숙, 발전해가는 과정에서 좌절을 심하게 당했을 경우 그동안 성취한 발달의 일부를 상실하고 그 자신이 현재보다 유치했던 과거 수준으로 후퇴하는 것을 말한다.<br>• 인간의 발달과정 중 특정한 어느 시기에 고착된 경우 그 고착이 강하면 강할수록 스트레스를 크게 받는 경우 고착되어 있는 시기로 쉽게 퇴행을 잘하는 경향이 있다. |
| 합리화<br>(Rationalization) | • 우리가 인식, 의식하지 못하는 동기에서 나온 행동을 지적으로 그럴듯하게 설명하는 경향이 있다.<br>• 이때 자신은 자기의 무의식적 동기를 전혀 의식하지 못하기 때문에 그 순간 성실, 정직하게 행동하는 것이다. 이때 대상자에게 바른말을 해주면 화를 낸다(이솝우화의 여우와 신포도 이야기). |
| 반동형성<br>(Reaction-Formation) | • 억압이 과도하게 일어난 결과 그 반대의 욕구나 생각을 의식에서 가지게 되는 경우이다.<br>• 사람을 미워하는 감정의 소유자가 박애주의자가 된다거나 어려서 남동생이 태어나 어머니의 사랑을 뺏겼기 때문에 그 동생을 미워한 누나가 미운 감정을 과도히 억압한 결과 지나치게 동생을 귀여워하는 누나로 변한 경우를 예로 들 수 있다. |
| 승화<br>(Sublimation) | • 본능적 욕구나 참아내기 어려운 충동들이 사회적으로 용납되는 형태로 둔갑하여 출구를 찾아 의식세계로 나가는 것을 승화라고 한다.<br>• 종교는 막강한 아버지를 찾는 의존성의 승화라 할 수 있을 것이다. |
| 동일시<br>(Identification) | • 청소년기에 강하게 나타난다.<br>• 동일시는 부모, 형, 윗사람 등 주위의 중요 인물들의 태도와 행동을 무의 |

| | |
|---|---|
| | 식적으로 닮는 현상이다.<br>• 이는 단순히 모방(imitation)과는 다르다. 동일시는 자아의 성장에 가장 중요한 기제이며 자아 형성에도 중요한 역할을 하는데 이러한 동일시가 완전무결하게 일어나진 않는다. |
| 보상<br>(Compensation) | • 심리적으로 어떤 약점, 제한이 있는 사람은 이를 보충하기 위해 다른 어떤 것을 과도히 발전시키는데, 이를 대상 또는 보상이라 한다.<br>• 예를 들어, 전신마비인 스티븐 호킹 박사가 우주물리학의 대가가 되는 사례를 들 수 있다. |
| 전치<br>(Displacement) | • 전치란 원래 실제로 있던 어떤 대상에 향했던 감정이 그대로 대치물(subtitute)에게 향하는 것을 말한다.<br>• 대체 형성과 전치는 비슷하나 대체 형성은 그 어떤 대체물이 되는 대상에 중점을 두는 것이며 전치는 감정에 중점을 둔다는 것이 차이점이다. |
| 상환<br>(Restitution) | • 상환이란 무의식에 있는 죄책감을 씻기 위해서 사서 고생하는 것 같은 행태이다. |
| 억제<br>(Suppression) | • 억제란 의식, 반의식적으로 기억을 잊으려고 하는 것이다. |
| 유머<br>(Humor) | • 다른 사람에게 거북하고 불쾌한 감정을 느끼지 않게 하면서 자기 느낌을 공개적으로 표현한다. |

## 3) 불안의 유형

(1) 현실적 불안: 외부 상황과 비례된 적절한 불안

① 외부 상황에 대한 적절한 불안심리를 현실적 불안이라고 한다.

② 이러한 불안은 사람들로 하여금 신속성과 효율성을 증진시키며 문제해결을 가져오게 하는 건강한 불안이라고 할 수 있다.

(2) 신경증적 불안: 무의식적인 내부의 불안

① 이드와 에고 사이의 갈등에서 생기는 것이 신경증적 불안이다. 불안해야 할 외부 조건이 없음에도 불구하고 내부에서 올라오는 불안을 말한다.

② 이드는 쾌락의 원리에 의해 움직이기 때문에 즉각적이고 직접적인 욕구충족을 지향하고 자아는 현실 원리에 따라 움직이기 때문에 현실적으로 적합한가에 기준을 두고 판단을 하게 된다. 이로서 이드와 자아가 갈등할 수밖에 없게 되고 현실에서 이드는 억압된다.

③ 이드의 욕구가 강해지고 자아의 기능이 약화되면 불안을 느끼게 된다.

### (3) 도덕적 불안: 부모와 사회로부터 훈련된 불안

① 착한 유아 표본을 강조하는 과정에서 발생하여 유아들이 자신의 내면의 욕구 및 현실과 대치될 때 생기는 불안이다.

② 이야기로 감정을 풀고 오래 가지 않도록 하면 발달에 문제가 되진 않는다.

# 2. 분리불안

## 1) 시기별 특성

### (1) 영아기

① 영아기의 분리불안과 낯가림은 관련이 깊은데, 주 양육자 외에 다른 사람을 만나는 것을 싫어하고 두려워하는 증상을 낯가림, 주 양육자와 떨어지기 싫어하는 것을 분리불안이라고 한다.

② 낯가림은 생후 7~8개월경이 되면서 영아가 낯선 사람을 피하거나 울면서 불안감을 보이는 행동을 말하며 영아 낯가림의 시기는 개인마다 차이가 있다.

③ 일반적으로 생후 6~7개월이 되면 어머니를 인식하고 어머니에게서 심리적인 안정감을 찾기 시작한다. 다른 것들에 관심을 보이다가도 급작스럽게 어머니를 찾으며 잠시라도 떨어져 있기 싫어하고 불안감을 보이는 시기가 생후 7~8개월경에 시작하여 14~15개월경에 가장 심해질 수 있으며 약 3세까지 지속될 수 있다.

### (2) 유아기

① 유아들에게서 사회적 위축, 무감동, 슬픔의 형태로 불안이 나타나면 놀이에 집중을 하지 못한다.

② 특정한 사물이나 상황에 불안을 느끼고 죽음에 대한 두려움이 생기면 유치원 가기를 거부하며 자신감의 결여와 사회성 기술이 떨어진다.

③ 어머니와 강제로 분리되는 상황이 생기면 공격적인 행동을 보일 수도 있다.

## 2) 교육에의 적용

### (1) 영아기

① 놀이를 통해 학습시키기

- 까꿍 놀이: 얼굴을 가렸다가 보였다 하면서 어머니가 눈앞에서 보이지 않더라도 사라지는 것이 아님을 인지시킨다.
- 숨바꼭질: 어머니가 몸을 숨겼다가 다시 나타나는 행동으로 어머니가 잠시 없어지더라도 다시 나타난다는 것을 알려준다.

② 영아와의 스킨십

- 영아와 스킨십을 통해 교감하고 영아를 진정시켜주면 영아가 느끼는 불안감을 해소할 수 있다.
- 눈을 가리고 하는 어머니와의 스킨십은 영아 눈앞에 어머니가 보이지 않더라도 앞에 어머니가 있다는 것을 인식시켜준다.

③ 시간을 두고 천천히 적응시키기

영아를 급하게 또는 갑작스럽게 떼어놓게 되면 정신적으로 충격을 받을 수 있고 분리불안증세가 더욱 심해질 수 있다. 영아와 떨어질 때는 조금씩 시간의 격차를 넓혀가며 천천히 적응시켜주는 것이 좋고 영아에게 차근차근 말로 설명하면서 진정시켜주는 것이 도움이 된다.

### (2) 유아기

① 불안과 공포가 근거 없는 것임을 이야기해주며 지나친 스트레스 없이 혼자 정기적으로 유치원에 가고 혼자 자는 것이 습관화될 때까지 분리를 경험하게 한다.

② 점진적 행동 형성방법(shaping)과 보상주기를 적용해본다.

③ 점진적 행동 형성방법은 어머니와 함께 유치원에 하루 종일 있도록 해 안심하게 해주는 것으로 어머니가 유아의 활동에 개입하진 않는다. 이후 어머니가 교실에 있는 시간을 점차 줄여간다.

④ 유치원 문 앞에서 어머니와 헤어지도록 하며 다음은 집과 유치원의 중간쯤 해서, 점차 집 앞에서 헤어지도록 점진적, 단계적으로 분리시켜나가는 것이다.

⑤ 목표 행동을 잘하면 유아가 원하는 것을 보상으로 주도록 한다.

# 3. 공격성

공격성이란 상해를 입히거나 파괴하는 것을 목적으로 분노나 증오가 수반되는 행동을 뜻한다.

## 1) 시기별 특성

### (1) 영아기

① 영아기의 분노와 스트레스 상황을 구분하여 살펴보자. 분노의 표현으로서 영아는 몸 전체를 움직이거나 비틀며 팔 흔들기, 발차기를 시도한다.

② 자신에 대한 독립적 자아 개념이 충분히 표현되지 않는 시기이므로 어떠한 대상을 중심으로 하는 분노 표출은 없다.

③ 주로 먹고 자고 주의를 끄는 것과 관련된 좌절을 경험한 상황에서 공격성이 유발된다.

### (2) 보행기

① 걸음마기 영아는 공격적 의도를 가지고 행동할 수 있는데, 공격성 발현의 원인으로 대상이 어떠한 해를 받게 될 것이라는 결과와의 연결은 아직 하지 못하는 시기이다.

② 주로 이때 공격성은 배변훈련의 과정 속에서 유발될 수 있다. 배변기에 앉

혀진 유아가 배변을 보지 않고 일어나려 하면 대부분의 어머니는 일어나지 못하도록 한다. 이때 유아들은 공격적이 되기 쉽다. 즉, 자신의 다음 행동이 저지당한 것, 주도성이 위협받게 된 상황들이 공격성 발현에 주요한 요인이 된다.

(3) 유아기

① 만 3세 정도가 되면 앞서 정의하였던 개념을 포괄하는 공격성의 형태가 나타날 수 있다. 이때가 되면 신체적 공격의 빈도수는 줄어들고 언어적 혹은 심리적 공격의 빈도가 높게 나타난다. 자신의 물건을 나누어 써야 한다거나 자신의 물건을 마음대로 쓰지 못하게 하면 이때 분노와 공격성이 최고에 달할 수 있다.
② 공격성의 출현 양상을 통해서 공격행동 자체의 의미를 다양하게 분류하고 그에 따라 적합한 지도를 실행해야 한다.
③ 사회적 활동수준이 높은 상태에서 나타나는 공격성은 해롭지 않으며 오히려 건강한 상태임을 알 수 있다.
④ 정서불안의 유아들에게서 과도한 공격성 이후에는 위축이 나타나거나 공격성과 위축이 반복적 성향을 나타낸다.

## 2) 공격성의 요인

① 발달과정에서 알 수 있는 공격성의 원천은 유아들이 주로 어머니의 훈육방식에 대한 불만과 상황에서 오는 적대적 의도로 인해 나타난다. 이 두 가지 원인인 경우 유아들의 공격성이 정당하다고 유아들 스스로 여기게 된다.
② 어떠한 경우에도 공격성이 정당화될 수 없는데, 유아들에게서 나타나는 공격성 그 자체의 문제를 지도하려 할 때 양육자들이 그 요인이 무엇인지를 충분히 고려하여 지도하는 것이 필요하다.

### (1) 과도한 공격적 상황에의 노출

① 공격성이 유발되는 원인은 분명하지 않다. 그러나 유아들 간에도 과도한 공격성을 나타내는 유아는 공격행동을 하는 상황에 많이 노출되었던 것으로 추측할 수 있다.
② 유아들이 교사나 또래들에게서 공격적인 행동을 많이 본 경우 공격적인 행동을 배울 수 있다. 어머니가 공격적으로 자녀를 다루면서 신체폭력을 사용한다면 자녀에게 공격성의 모델이 되기 쉽다.
③ 또래 또한 공격성 모델 제공자가 된다. 공격행동의 모델이 힘이 있고 유아와 유사한 점이 있을 경우 잘못된 공격행동에 대한 단호한 제지가 이루어지지 않으면 공격행동이 모방되기 쉽다.
④ TV는 또 다른 공격행동의 잠재적 모델이 된다. 밴두라에 의해 이루어진 연구에서 유아들이 TV의 공격 모델에 많이 노출될수록 공격적인 것으로 나타났다. 유아 TV 프로그램에서의 공격성의 빈도와 유아 공격성의 빈도와는 정적 상관관계로 나타났다. 다소 공격 성향이 있는 유아가 공격적인 TV 프로그램을 자주 본다면 공격성이 빈번하게 나타날 수 있다.
⑤ 유아들의 인지적 미숙이 TV에서 볼 수 있는 공격행동을 그대로 따라하도록 하는 한 요인이 된다. 공격행동의 유아를 지도하는 과정에서 처벌의 형태는 실제로 유아의 공격행동을 소거시키는 것이 아니라 오히려 강화할 수 있다.
⑥ 공격성은 다른 사회적 행동의 결과와 마찬가지로 내적 요인과 학습의 결과이다. 유아의 공격성의 유형과 빈도도 유아기의 다양한 연령에서 다르게 나타나며, 동일한 연령의 유아라 할지라도 공격행동의 범위에 있어서도 다양하다.

### (2) 경 쟁

① 오늘날의 사회에서 필수 불가결한 일이나 유아교육에 있어서는 경쟁이 최소화되어야 한다. 유아기는 자아 존중감이 보다 중요하게 형성되어 가는 시기이므로 경쟁적 환경에 놓임으로써 반복되는 실패의 경험을 갖게 된다면 자아 존중감에 큰 손상을 갖게 될 것이다.

② 활동을 하면서 메달, 스티커, 선물과 같은 외적 보상에 의존하도록 하는 것 또한 바람직하지 않다. 유아들의 성취도를 향상시키기 위해 이러한 보상을 제공하는 것은 유아들 간의 경쟁을 부추김으로써 보상을 얻지 못하는 유아들의 자아 이미지에 잠재적 손상을 줄 수 있다.

③ 더 나아가 외적 보상, 자기 지향적 보상은 능력을 계발시키는 데 쏟아야 할 진정한 노력에 오히려 해를 줄 수 있다. 외적 보상을 다른 사람에게 보이기 위한 수단으로 생각할 수도 있기 때문이다. 자신의 노력과는 관계없이 이 같은 보상을 기대하는 심리를 기를 수도 있다.

④ 어머니와 교사들의 유아들에 대한 비교는 유아들로 하여금 서로에게 좋지 않은 감정이 들게 할 수 있다. 유아들은 발달의 수준에서 상당히 많은 변화가 진전되는 시기이므로 순간의 비교는 발달의 정확한 상태를 포착 못할 수 있고 부정확한 발달 준거로 비교하는 것은 바람직하지 않다. 다른 유아들을 나쁘게 만들어서 한편의 유아들을 좋게 만드는 비교는 절대 바람직하지 않다.

(3) 지배감

경쟁은 유아들 사이의 소위 지배 위계를 나타내게 하는 요인으로 작용한다.

이러한 지배 위계는 계속해서 몇몇 유아가 경쟁에서 이기게 됨으로써 원하는 물건이나 특권을 차지하게 되면서 생겨난다.

## 3) 공격성의 변형된 형태

① 공격성과 전치의 결합으로 나타나는 행동은 공격성이 자신보다 연약하다고 생각하는 사람들에게 표출된다.

② 공격성과 승화의 결합에서는 감정과 파괴적 의도가 오히려 사회적으로 수용 가능한 형태로 변형되는 것이다.

③ 공격성과 수동성의 결합은 정교한 형태의 보복, 무의식적 보복이라 할 수 있

다. 요구는 많으나 정서적으로 기갈된 유아들에게서 나타나는 감추어진 공격성의 경우 쉽사리 발견되지 않고 다른 문제 양상인 듯한 해결과 지도방법을 제공하여 성장과정의 시행착오가 유발될 수 있다.

④ 공격적인 행동이지만 그것이 비공격적인 목표인 경우는 대부분 관심받고 인정받고자 하는 갈망의 표현이라 할 수 있다. 공격적인 행동을 해서라도 주의를 끌고자 하는 것이다. 이렇듯 공격성의 복잡한 방식을 양육자는 복합적으로 이해하려고 노력해야 하며 단순화해선 안 된다.

## 4) 성차

남아는 공격성의 출현빈도가 높으며 여아의 경우에는 언어적 공격이 우세하게 나타난다.

## 5) 교육에의 적용

(1) 가정

① 어머니 모델이 매우 중요한데, 처벌, 거부, 방치, 비일관적 양육 패턴으로부터 벗어나야 한다.

② 공격적인 유아는 그 유아로 하여금 자신의 분노에 맞서도록 도와주어야 하고 그 원천에 초점을 맞추어 건강하게 풀 수 있도록 도와주어야 한다.

(2) 영유아교육기관

① 유아교사는 물리적 환경과 교육활동에서 반사회적 행동이 최소화되고, 친사회적 행동이 활발하게 나타날 수 있는 계획과 실행을 해야 한다. 이러한 계획

과 실행을 위한 결정 하나 하나가 매우 중요한 결과를 낳을 수 있다.

- 유아들이 이동할 적절한 공간이 있는가?
- 다른 유아의 활동을 방해하지 않고 자신의 활동을 추구할 수 있는가?
- 경쟁하지 않고 또한 너무 오래 기다리지 않고 놀잇감과 자료를 쓸 만큼 충분한가?
- 제공된 자료, 활동이 발달에 적합한가?
- 좌절을 주거나 지루하지 않은 적당히 도전적인가?
- 전이시간의 계획은 어떠한가, 기다리지 않아도 되는가?
- 오랜 시간 동안 그룹에 앉아 있게 하는 것은 아닌가?

교사는 교육기관에서 위와 같은 많은 상황을 고려해야 하므로 교사의 의사결정에 따라 유아의 사회적 행동에 지대한 영향을 미칠 수 있으므로 매우 중요한 역할을 하는 존재이다.

② 만일 공격적인 상황이 자주 일어난다면 물리적 공간을 다시금 재배치하고 하루 일과와 활동을 융통성 있게 바꾸어 실행해야 할 것이다. 위의 상황을 먼저 살핀 후에 해야 할 일은 무엇인가?

- 교사로서 나는 친사회적 행동의 모델을 제공하고 있는가?
- 교사로서 나는 이타적이고 협동적인 행동을 보여 주는가, 경쟁을 자극하는가?
- 공격행동에 반응함으로써 보상적 행동을 하지는 않는가?
- 다른 또래에게 직접적인 공격으로 나타나지 않았다고 가볍게 여기지는 않는가?

③ 교사들은 이러한 상황을 세밀하게 관찰하면서 해를 주거나 공격적 상황이 확대될 것으로 예측되면 빨리 개입해야 한다.

유아가 공격적인 행동을 나타내면 교사의 자연적 경향은 즉시 공격한 유아를 꾸짖거나 처벌하려 한다. 그러나 공격행동에 대한 문제해결의 기법을 적용하는 것도 상황을 다루는 유용한 방법이 될 수 있다. 다만, 공격상태가 위험하다면 즉시 개입이 필요하다.

④ 공격행동에 대한 문제해결적 접근

- 유아가 자신의 공격 상황을 떠올리고 몰입되도록 언어적 설명을 한다.
- 만일 유아가 공격적이라면 공격행동의 피해자 역할을 해보도록 한다.
- 공격을 한 유아에게 시선을 두지 않는다.
- 공격의 대상이 되었던 유아의 행동에 대해 학급 유아들이 함께 감정이입을 할 기회를 제공한다.

⑤ 교사는 공격행동이 주가 되는 반사회적 행동의 훈육에 관심을 기울여야 한다. 대부분 교실에서 반사회적 행동이 나타났을 때 어떻게 중지시키는가에 관심이 집중되는 것을 볼 수 있다.

⑥ 훈육의 방법이 꼭 처벌만을 의미하는 것은 아니다. 행동지도의 한 체계로서 훈육은 처벌과 같은 부정적 접근보다 긍정적으로 접근한다. 예를 들면, 어떠한 제한을 해야 하는 경우 긍정적으로 한다. "안에서는 뛰지마"하는 금지보다 "밖에서는 뛰고 안에서는 걸어다녀야지요."와 같은 긍정적 접근을 활용한다. 간단한 설명과 아울러 규칙을 제공한다.

⑦ 교실에서 제한과 금지는 안전에 필요하지만 너무 많은 규칙은 유아의 주도성 발달에 좋지 않을 수 있다. 제한의 사용은 발달적으로 적합하되, 명확하게 이해될 수 있도록 하고 일관되게 부과되어야 한다.

⑧ 이와 같은 지도에도 불구하고 여전히 학급의 균형을 혼란스럽게 하는 유아들도 있다. 유아의 공격행동이 조절되지 못할 때에는 짧은 시간 동안 그룹에서 격리될 수 있고 이것은 자기 통제가 될 때까지로 한정하여 실시한다. 유아에 대한 처벌이나 타임아웃에 초점을 두기보다 논리적 타당성(결과)에 초점을 두어 유아로 하여금 선택에 대한 책임감을 가질 수 있도록 한다.

⑨ 그룹에서 격리된 상태에서도 교사는 계속 관찰해야 한다. 처벌의 방법으로서 어두운 곳에 보내기, 음식 안 주기 등은 적절한 방법이 될 수 없다. 논리적 결과에 대해서도 반응이 없다면 유아의 행동에 경고를 줄 수 있는 다른 방법을 모색해야 한다.

⑩ 과도한 경쟁에 대한 지도

유아교사들이 교실 상황에서 의식적으로라도 경쟁을 최소화하는 것이 필요하다. 유아교육기관에서 유아들이 경쟁적이 되는 상황으로는 자료나 놀잇감이 부족해서 배회하게 된다든지 적절한 교사의 개입이 이루어지지 않아 상호작용이 부족한 상태일 때이다. 유아교사는 유아교육환경의 경쟁적 측면을 보다 잘 다룰 수 있어야 하며, 공정함과 협동의 가치가 학급운영의 기본이 되도록 해야 한다.

또한, 교사가 친사회적 행동의 모델링을 보여 줌으로써 유아의 행동을 형성해 나갈 수 있다. 유아가 자신의 문제를 스스로 해결하도록 격려해 주는 문제해결기법을 활용한다면 합리적인 행동체계는 설정하면서 반사회적 행동에 대한 관심은 줄어들 수 있을 것이다.

⑪ 공격적 행동에 깔린 문제에 주의를 기울이는 것이 필요하다. 사랑받지 못하고 있다는 느낌, 하찮은 존재로 멸시당하는 기분, 자기 혐오 등에 주의를 기울일 필요가 있다. 공격적인 유아로 하여금 스스로 분노에 맞서도록 하고 그 원천에 초점을 맞추어 이를 건설적으로 풀어가는 것이 바람직하다.

Chapter

# 14

# 자아발달 프로그램의 실제

## -자아정체감 요소를 중심으로-

# 1. 프로그램 구성 목적 및 원리

이 프로그램은 영유아기 자아발달의 중요성을 현대 자아 이론과 기독교적 자아관에 기초하여 자아의 성장과정에 나타나는 자아의 모습, 그 속에서의 자아의 발달적·교육적 과업의 주요한 순간들을 포착하여 가정 및 기관, 상황이 긍정적인 개인 간 맥락의 요소로서의 기능을 다할 수 있도록 다양한 경험과 환경 제공의 측면에서 자아발달 프로그램(자아정체감 중심)을 구성하였다.

앞서 이론적 관점에서 고찰한 바와 같이 다양한 자아발달을 설명하는 이론들은 몇 가지 공통적 가정을 제시하고 있다 하겠다.

인생의 시작기인 영유아기에 자기 자신에 대한 총체적 관점으로서 자아에 대한 개념을 만들어 가며 만들어진 개념을 자아 변화의 모습 속에 드러낸다는 것이다. 그리고 이러한 모습에 자신이 평가를 내리고 주변 돌보는 이의 다양한 반응과 어우러진 평가의 결과로 자신에 대한 어떤 대상 이미지를 구축하며 그에 따라 자신을 명명해가는 과정을 반복해간다는 점이 발달 및 교육적으로 매우 중요한 제시점이 될 수 있을 것이다.

이렇듯 자아 개념이 인생의 초기인 영유아기에 형성되기 시작하여 중요한 타인과의 계속적인 맥락 간 상호작용 및 경험에 의해 변화되고 재형성된다는 것이다. 건강한 자아 개념, 건강한 자아 정체성을 바탕으로 영유아 자아 본성이 창조적으로 발휘될 수 있으며 이것은 있는 그대로의 자신을 수용, 인정하고 의미와 가치를 추구하는 존재로의 지향을 시작하게 한다는 점에서 유아교육에 중요한 방향을 제시하는 것이 된다.

① 유아들은 가정과 환경에서의 관계에서 발달 상황 내에서 감정 반응 양식을 먼저 형성한다. 이것을 교육에 이끌어 적용한다면 다양하고 풍부한 있는 그

대로의 감정표현이 자유로운 관계들, 유아와 부모, 유아와 교사들 사이에서 유아들이 보다 건강한 발달로 나아가는 기초가 될 수 있음을 시사한다.

② 유아들이 유아교육기관에 와서 나타내는 모습은 가정에서의 부모와 유아 사이의 감정 모습이 나타나는 경우가 대부분이라 추론할 수 있다. 건강한 모습이 아니라면 부모와의 관계에서 만들어진 감정 대처 양식을 기관에서는 그대로 반복하는 것이 아니라 다른 상황이 있을 수도 있다는 것을 교사와 다른 인간관계를 통하여 유아들이 경험하고 접할 수 있도록 이끄는 것이 매우 중요하다.

③ 유아교사들도 자신의 영유아기, 유아기 감정양식이 어떠하였는지를 뒤돌아보고 감정표현을 해보며 무의식적인 자신을 통찰할 수 있는 기회를 갖는 것이 매우 중요하다.

④ 유아교사들의 교과서적 지식과 기술로의 영유아발달이 아니라 그 내용을 재적용해보면서 교육활동 내에서도 발달의 핵심이 흘러갈 수 있도록 이끌며 그에 대한 영유아발달의 주요 심리과업과 방어, 역동을 현장 상황에서 추론해 낼 수 있는 기회와 재교육이 지속적으로 필요하다.

⑤ 영유아들을 바라보면서 때로는 개인의 독특성에 따른 손댈 수 없는 부분에 대한 인식, 내적인 힘의 증진을 위한 지지적 측면이 수반되어야 함을 강조한다.

# 2. 프로그램의 구성 방향

## 1) 유아교육 중심의 구성 방향

영유아기 주요 발달과업을 체계적으로 정리하여 성장과 생활 중에 자아 존중 및 자아정체감 요소들을 통찰하여 강화시켜줄 수 있도록 구성한다.

## 2) 교사 이해 중심의 구성 방향

- 영유아기의 건강한 자아발달과 관계된 요소들을 예비 유아교사의 입장에서 지식적으로 이해할 수 있도록 분류하고 계열화된 교육활동을 제시한다.
- 영유아기 발달과업 발달상의 이정표, 또래와의 상호작용 지도방법 등 영유아교사에게 도움이 될 만한 개념과 사실을 정리한다.
- 영유아기 발달의 이해가 아동기, 청소년기를 지난 예비 유아교사의 발달적 측면에서도 자신의 발달의 기억 상자를 되돌아보면서 교사 자신의 행동상의 변화를 가져오는 것을 목표로 한다.
- 영유아의 발달과업 이행 중에 나타날 수 있는 문제 이해하기, 문제의 소유자 결정하기, 가능한 개입방법을 탐색하기, 개입방법에 따른 결과 예상하기, 시행 계획 세우기, 효율성 고려해보기 등이 포함되도록 구성한다.
- 영유아교사 자신이 영향을 받아온 가족 내 관계방식을 인식하는 것과 교사 스스로 내가 영향을 받아온 것으로부터 자유로울 수 있는 자율적이고 독립적인 가치관의 설정에 둔다.

# 3. 선행 자아 관련 요소 연구

**| 표 14-1 | 자아 관련 요소의 비교**

| 연구자 | 자아 관련 요소 | 활동의 내용 |
|---|---|---|
| 위니콧 | • 통합감 | • 파편화된 자기를 통합하기 |
| | • 자아 가치감<br>• 자아 유일감<br>• 긍정적 이미지 | • 좌절과 만족을 같이 주는 객관적 환경을 경험하고 참자기 형성하기 |
| | • 포용성 경험<br>• 충분한 모성성 경험 | • 유아에게 만족과 좌절을 주는 객관적인 세계 경험하기<br>• 일차적 모성 몰두, 보통의 좋은 어머니, 견디어 주는 어머니 환경 |
| 코호트 | • 협동심<br>• 통합감 | • 자기와 자기 대상 사이의 융합에서 전능감 느끼기 |
| | • 자아 존중감<br>• 자기 효능감 | • 자기애적 장애에서 벗어나 응집성과 조화로운 핵심 자기 이루기 |
| | • 공감적 환경<br>• 주관적 전능감 | • 어머니는 자기 대상으로서 항상성 공감 반응해주기 |

# 4. 프로그램 추출요소

프로그램의 구성 내용을 조직함에 있어 자아와 관련한 이론영역과 자아존중감의 발달과업, 자아정체감의 주요 내용을 중심으로 〈표 14-2〉와 같이 정리하였다.

**| 표 14-2 | 자아정체감 프로그램 추출요소**

<table>
<tr><th></th><th>자아 핵심</th><th>기초→</th><th>시작→</th><th>분화</th><th>구성요소</th><th>인성요소</th><th></th></tr>
<tr><td colspan="8">신체 지원, 언어 지원</td></tr>
<tr><td rowspan="10"></td><td rowspan="10">자아감<br>(인지, 정서,<br>사회성 )</td><td rowspan="10">애착→</td><td rowspan="10">자율→</td><td rowspan="7">자율, 주도<br>↓<br>↓<br>↓<br>자기 조절</td><td>인식</td><td>정직</td><td rowspan="7">자아 정체감</td></tr>
<tr><td>조절</td><td>감사</td></tr>
<tr><td>결정</td><td rowspan="2">용납<br>용기</td></tr>
<tr><td>표현</td></tr>
<tr><td rowspan="3">실천</td><td>인내, 절제</td></tr>
<tr><td>선택, 책임</td></tr>
<tr><td>가치 추구<br>꿈과 비전</td></tr>
<tr><td colspan="4">관계 발달</td></tr>
<tr><td>도덕성, 양심</td><td colspan="2"></td><td rowspan="2">자아 정체감</td></tr>
<tr><td>사회적 관계</td><td colspan="2"></td></tr>
</table>

공격성

불안

↓

자아정체감 / 자아 기능 발휘

영유아교육기관에서 자아와 관련된 계발 활동이란 실천할 수 있는 활동 중심으로 구성되어야 하고 실제적으로 위의 활동들은 유아를 대상으로 실시되기도 하며 예비 유아교사들이 활동을 구성하여 워크숍 중심으로 진행할 수도 있게 하였다. 수업방법은 전체적으로 강의, 활동, 시범, 역할극, 토론, 발표 문제해결 등을 적절하게 사용하며 각 주별 활동 내용에 따라 도입과정, 강의 활동 마무리 과정으로 진행될 수 있다.

**| 표 14-3 | 자아정체감 프로그램의 요소와 목표**

| 자아 인성요소 | 구체적 목표 |
|---|---|
| 정직 | 자아 성장과정 중에서 불신감과 수치심이 누구든지 있으며 그것을 있는 그대로 인정하고 드러내도 누구로부터도 공격받지 않을 수 있다. 누구나 드러내는가 그렇지 못하는가의 차이만 있을 뿐 부끄러움의 영역이란 있는 법이며 자신으로나 타인으로나 그러한 영역을 비판의 대상으로 삼지 않아야 함을 깨닫는다. 그러나 이것은 인본적 교육에서는 가르쳐지지 않는 것이며 진정한 기독 사고와 행동에서만 가능하다 할 것이다. |
| 감사 | 우리는 예외 없이 존재 그 자체에 대한 감사를 잊어서는 안될 것이다. 상투적이고 습관적인 감사가 아닌 존재에 대한 있는 그대로의 인정은 감사로 이어지며 그것은 다른 사람과 자신에 대한 존중감의 중요한 기초요소가 될 것이다. |
| 용기 | 우리 자아 내면의 수치심과 죄책감은 드러내고 햇볕을 맞이하게 하는 것이 매우 중요함을 정직에서 다루었다.<br>드러난 우리들의 연약함은 기독적 믿음에 기초하여 파생된 두려움을 이겨낼 수 있으며 바르고 감사하고 할 수 있는 마땅한 것들을 실천할 수 있는 용기의 필요성으로 연계되어야 한다.<br>작은 것부터 실천해보고 몸으로 해보고 마음으로 해보고 말로 해보는 일들이 많아질수록 용기를 가득 담은 자아로 성장할 수 있을 것이다. |

| | |
|---|---|
| 절제 | 힘들고 어려운 일, 감정적으로 견디기 힘든 순간을 맞은 자아는 그 순간을 포기하고 싶어질 수 있다. 그러나 그 순간을 정지하고 감정을 뿜어내지 않으며 정직과 감사와 용기로 단련된 자아에게 인내와 절제로 담금질하는 시간들이 꼭 필요함을, 바로 그것을 실천할 때임을 깨닫고 인내하고 절제의 요소를 자아로 수용할 수 있도록 이끌어야 할 것이다. |
| 책임 | 상황에 직면하는 자아, 회피하지 않는 자아, 책임이 어떤 것인지 인식하는 자아, 책임지고자 하는 자아가 주변을 향하여 도움을 청할 수 있는 자아, 진실함으로 자신에게 오고 오는 상황을 맞아들이는 자아, 이러한 자아는 유아나 부모, 교사 어느 시기의 자아이든 피해가서는 안 되는 자아 성장의 한 면모라 할 수 있다. 마음을 다하여 상황에 대처하는 자아의 본이 유아 주변에 많이 있다면 그러한 것을 통하여 교육될 수 있으리라 생각한다. |
| 선택 | 선택할 수 있는 상황, 선택할 수 없이 주어진 상황에 대한 분별이 자아에게 필요하다. 우리의 자아는 어떠한 것이든 선택할 수 있다. 선택의 결과가 자아와 공동체의 선함으로 결과될 수 있는 선택인지 고려할 수 있는 자아훈련이 이루어져야 한다.<br>편하고 쉽고 누구나 가는 넓은 길로의 선택이 아니라 삶의 상황에서 자신이 가야 하는 소명적 길, 선택에 대한 고민을 하는 깨어 있는 사람을 길러내는 것이 교육의 기본 할 일이기 때문이다. |
| 가치 추구 | 자아는 방향 짓는 자아이다. 아무것도 하지 않는 자아, 중립적 자아도 결국은 아무것도 하지 않는 가치를 추구하고 있는 것이다. 자아의 모습 속에 건강하고 선한 가치 추구의 흔적을 갖는 것은 그것이 곧 자아의 형상이며 인격이며 자아 생명이 될 수 있다는 점에서 매우 중요한 활동이라 할 수 있다. |
| 꿈과 비전 | 인간 자아는 생명과 사명 소명을 품고 이 땅에 태어난 것이다.<br>살(生)라는 부름과 일(使)하라는 부름을 듣는 자아로 나아가는 것이 절대 절명의 삶의 목적이라 할 수 있다. 누가 부르는가? 무엇으로 불리웠는가? 이 부름이 꿈이 되고 당장 안보이지만 마음과 영혼에 보이는 것. 그 비전이 자아에 새겨지록 하자.<br>인본적 교육에서 "사명과 소명이란 없다. 존재 그 자체가 사명이다"라는 이야기로 토론해보자. |

# 5. 프로그램 실행 조건

## 1) 대상

3~5세 유아를 대상으로 실시할 수 있다.

## 2) 집단

이 프로그램을 유아와 실행하는 과정에서 대집단활동으로나 소집단활동이 가능하도록 계획하였다. 교사가 교육기관의 상황과 학급의 활동에 따라 적절하고 새롭게 구성하여 조절할 수 있는 활동 중심으로 구성되어 있다.

## 3) 공간

유아들과 수업으로 적용할 때 대집단활동의 경우 서로 동그랗게 앉아서 활동할 수 있는 공간이면 좋을 것이다. 그 이유는 몸 전체가 서로 보일 수 있는 편안한 자세가 자기노출의 심리적인 요인의 작용으로 인하여 교육의 효과를 증진시킬 수 있으며 감정 표출 시 주변의 물건들을 활용할 수도 있다.

### 4) 시간

일련의 교육기관, 교육과정이 진행되는 한 학기, 혹은 1년 동안 주제 교육과정과 연관을 지어 꾸준하게 실행하는 것이 바람직하다.

# 6. 프로그램 교수학습방법

자아발달의 내용을 프로그램화하여 교육활동에 접목하여 실행할 수 있는 방법은 덕목 전수 모형, 가치 생성 모형, 통합적 모형이다.

첫째, 덕목 전수 모형은 건강한 자아 정체성의 함양이 교육의 분명한 한 사명이며 기초적인 덕목은 습관화되도록 내면화시켜야 함을 강조하며 교육방법으로는 특별한 비법이나 왕도가 따로 있다고 생각하지 않으며 고전적인 세 가지 방법 본보기, 학습시키기, 실천하게 하기를 확고하게 실천하는 것을 강조하고 있다.

둘째, 가치 생성 모형으로서 콜버그의 도덕적 발달이론을 적용한 도덕적 사고력 신장 모형으로서 유아들에게 도덕적 딜레마가 있는 가상적 상황을 제시하고 유아들로 하여금 가치선택을 하게 한 다음 그 선택을 하게 된 이유에 대하여 토론하고 정당화하도록 한다.

셋째, 통합적 모형은 덕목 전수 모형과 가치 생성모형이 가지고 있는 장점을 살리면서 단점을 보완하여 자아, 인성교육 본래의 성과를 높이려는 데 있다.

자아발달의 요인을 도덕적 덕목의 발달로만 국한하지 않으며 지적, 정의적 측면의 발달을 함께 중시하여 자아를 중심으로 한 인성교육의 발달에 유아교사 중심적으로 영향력을 끼칠 수 있지만 거기에는 한계가 있으며 가정, 지역사회와의 공동 협력이 전제되어야 효과가 나타날 수 있을 것이다.

# 7. 유아 자아발달 (자아정체감 중심) 프로그램

**| 표 14-4 | 자아정체감 프로그램의 활동**

| 자아 인성요소 | 내용 이해 | 활동 |
|---|---|---|
| 정직 | • 나의 나 됨을 있는 그대로 사랑해요. | • 몸으로 인사해요. |
| 감사 | • 나의 나 됨을 감사하고 반응할 수 있어요. | • 동시 이어 완성하기 |
| 용기 | • 어려움을 피하지 않아요. | • 내 마음속 용기 |
| 절제 | • 어려움을 참고 인내할 수 있어요. | • 조금 힘들어도 인내해요.<br>• 나의 기분 |
| 책임 | • 나에게 주어진 것들에 최선을 다해 책임질 수 있어요. | • 어떤 일이 일어난 걸까?<br>• 내 도움이 필요한 곳이 있어요. |
| 선택 | • 무엇이든 선택할 자유가 있지만 나와 우리에게 선하고 유익한 것을 선택할 수 있어요. | • 바른 일을 선택해요.<br>• 어떻게 할까? |
| 가치 추구 | • 생각과 마음처럼 손과 발로 실천해요. | • 우리 주위 돌아보기<br>• 세 나무 이야기를 들어보세요. |
| 꿈과 비전 | • 나의 생명에는 또 다른 명(命)이 있어요. 바로 그것은 사명이에요. | • 고마우신 분들이 있어요.<br>• 나에게 감동을 준 사람들 꿈을 꾸어요. |

# 자아정체감 요소 : 정직

▶▷ **활동 :** 내면 지향

▶▷ **활동명 :** 몸으로 인사해요

▶▷ **활동 유형 :** 동작활동

▶▷ **집단 크기 :** 두 명씩 소집단 혹은 대집단

▶▷ **연령 :** 5세

▶▷ **목표 :** ① 반가움을 다양한 인사로 표현할 수 있다.
② 상황에 적절한 인사방법을 알 수 있다.
③ 자신의 있는 그대로 편안함으로 친구들을 대할 수 있다.

▶▷ **활동방법**

① 등하원 시 말로서의 인사뿐만 아니라 악수, 살짝 포옹하기, 등 토닥거리기 등을 해준다.

② 자유 선택활동 시간 유아가 혼자 놀고 있을 때 유아들의 놀이에 표시나지 않도록 참여하면서 바라봐주거나 어떠한 도움을 필요로 하는지 살펴본다.

③ 자유 선택활동 시간에 유아들과 씨름 놀이를 하거나 함께 손잡고 달리기 등을 하면서 자연스런 신체적 접촉을 할 수 있으면 좋다.

▶▷ **자아정체감 요소 :** 정직

- 두려워도 정직하게 드러낼 수 있는 자아가 되는 것이 중요해요.
- 우리의 작은 일들에서 정직하지 않으면 진실과 만날 수 없어요.

- 참다운 열매, 진실함, 감동 이런 것은 내가 정직해야 만날 수 있는 것들이에요.
- 정직을 잃어버려 감동과 가슴 진한 진실을 잃어버리지 않도록 정직한 자아를 지니는 사람들이 되면 좋겠어요.
- 유치원의 다양한 활동의 주제들 속에서(식물, 동물, 계절의 변화) 정직을 자연스럽게 배워요.
- 우리 모두가 다양하다는 것은 어떤 것은 내가 잘하기도 또 어떤 것은 내가 못할 수 있음에 정직해지는 것을 의미해요.

# 자아정체감 요소 : 감사

▶▷ **활동 :** 내면 지향

▶▷ **활동명 :** 동시 이어 완성하기

▶▷ **활동 유형 :** 동시, 게임

▶▷ **집단 크기 :** 대집단

▶▷ **연령 :** 4세

▶▷ **활동 목표** ① 자신이 특별한 존재라는 긍정적인 자아를 가질 수 있게 한다.
② 가족의 소중함을 느낄 수 있다.

▶▷ **활동방법**

① 자신이 부모님에게 특별한 존재라는 것을 인식시켜줄 수 있는 동시를 읽어준다.

② 〈내 친구〉 동시를 보여 주면서 큰소리로 낭독, 동시의 내용처럼 유아 자신이 부모님의 귀염둥이라는 것을 이야기한다.

③ 동시에 있는 글자와 똑같은 글자를 교사가 미리 프린트하여 준비해서 유아가 찾게 한다.

④ 유아들이 찾은 글자를 오려서 동시판에 붙이게 한다. 이때 교사는 글자가 들어갈 위치를 연필로 희미하게 표시해둔다.

⑤ 동시에 있는 글자를 찾지 못할 경우, 먼저 유아들의 대안을 들어주고 다른 방법을 찾지 못하면 교사가 대안을 제시한다.

▶ ▷ **자아정체감 요소: 감사**

① 유아들이 자기 글자를 잊어버릴 수도 있으므로 자리 순서대로 나오게 하면 교사가 쉽게 다시 찾아줄 수 있다.

② 글자가 남으면 자기 글자를 먼저 붙인 유아가 더 찾도록 해준다.

③ 가위 등과 같은 위험한 도구는 사용에 충분한 주의를 기울인다.

④ 프린트한 글자의 크기는 유아가 보기 쉽도록 커야 한다.

1) 선생님!
저에게 내면화 대상이 되어주세요.
감사하는 선생님을 보면서 나도 감사의 자아를 내 것으로 만들래요.
선생님! 저에게는 선생님의 모습이 부모님 다음으로 중요해요.

2) 선생님!
선생님이 저를 위해서 만들어주신 그림과 이야기 감사해요.
차례대로 생각할 수 있도록 안내해주셔서 감사해요.
연습할 수 있도록 지켜봐주셔서 감사해요.

# 자아정체감 요소 : 용기

▶▷ **활동 :** 내면 지향

▶▷ **활동명 :** 내 마음속 용기

▶▷ **활동 유형 :** 이야기 나누기

▶▷ **집단 크기 :** 대집단

▶▷ **연령 :** 5세

▶▷ **목표 :** 다양한 상황에서 용기란 무엇일지 함께 생각하고 이야기할 수 있다.

▶▷ **활동방법**

① 용기가 무엇인지, 마음의 어떤 상태인지 용기에 대해 이야기를 나누어 본다.

- 용기를 낸다는 것이 무엇일지 생각해볼까?
- 우리는 어떤 때 용기 있다는 말을 할까?
- 용기가 필요한 일들을 제시하고, 유아들의 경험, 말하기를 이끈다.
- 유아들의 의견을 들으며 상호작용한다.
- 의견으로 나오지 않은 예들은 이야기를 들려주며, 이러한 경우도 있다고 말해준다.

② 용기를 가질 때, 우리가 할 수 있는 많은 일에 대해 이야기를 나누어 본다.

- 우리가 용기를 가지면 무슨 일을 할 수 있을까요?
- 친구의 나쁜 행동을 막을 수 있어요.
- 많은 친구들과 친해질 수 있어요.
- 심부름을 잘해서 어머니에게 칭찬을 받을 수 있어요.

- 내가 궁금한 것을 질문하고 알 수 있어요.
- 병원에서 치료를 잘해서 아픈 곳이 빨리 나을 수 있어요.
- 우리가 용기를 가지게 되면 우리에게는 자신감이 생겨요. 여러분! 자신감이 무엇일까요? 자신감은 우리가 할 수 있는 일이 무엇인지 생각해보는 능력, 잘 하도록 계획을 세워보는 일, 못하는 일은 왜 못하는지, 잘하는 사람을 인정해주고 배우려고 하는 마음이지요.
- 지금 우리 친구들 마음속에는 용기가 가득한가요? 우리는 뭐든지 할 수 있죠?

# 자아정체감 요소 : 절제 I

▶▷ **활동 :** 내면 지향

▶▷ **활동명 :** 조금 힘들어도 인내해요.

▶▷ **활동 유형 :** 언어활동

▶▷ **집단 크기 :** 소집단

▶▷ **연령 :** 4세

▶▷ **목표 :** 자신이 느낄 수 있는 감정에 대해 인식하고 감정을 표현할 수 있다.

▶▷ **활동방법**

① 오늘 나의 느낌은 어떤지 이야기 나눈다.

② '까마귀와 물 항아리' 동화를 다양한 매체를 활용하여 들려준다.

**까마귀와 물 항아리**

어느 날 땡볕 아래 놀던 까마귀는 몹시 목이 말랐습니다. 그러던 까마귀의 눈에 입구가 긴 항아리에 든 물이 보였습니다. 까마귀는 너무 좋아서 달려갔지요. 그런데 도저히 까마귀는 물을 마실 수 없었습니다. 입구가 길어서 부리가 물에 닿지 않았기 때문입니다. 다른 동물들은 모두들 그냥 먹고 싶은 걸 참지 못하고 그냥 가버렸습니다. 하지만 까마귀는 물을 먹기 위해 참으며 크고 작은 돌들을 하나하나 씩 물어다가 항아리 속으로 떨어뜨리기 시작했습니다. 얼마가지 않아 돌들은 가득 찼고 물은 넘치기 시작했습니다. 그렇습니다. 까마귀는 드디어 물을 마실 수 있게 된 것입니다. 다른 동물들은 물을 마실 수가 없게 되었습니다.

③ 까마귀는 지금 어떤 상태일까 이야기해보자.

- 까마귀가 목이 말랐는데, 항아리에 든 물을 보았을 때 기분은 어땠을까?
- 많은 동물들은 다른 곳에서 먹겠다고 그냥 가버렸다.
- 하지만 까마귀는 물을 먹기 위해 다른 동물들과 달리 당장의 욕구를 좀 참으면서 차분히 돌을 넣었다.

④ 내가 까마귀라면? 어떻게 하였을까?

⑤ 내가 까마귀가 되어 느낀 감정을 신체로 표현을 해본다.

▶▷ **자아정체감 요소 : 절제**

① 내가 하고 싶은 것을 먼저 드러내어 보면서 나의 감정과 나의 욕구 등이 무엇인지를 인식한다.

② 충분히 인식하고 난 후(감정 에너지 자체는 분출한 후) 시간 속에서 감정 등을 조절할 수 있음을 자신에게 이야기해본다.

③ 마음속에 있는 모든 정보의 요소들이(강조, 용기, 절제 등) 모였을 때 자아를 건강하게 만드는 것이다.

④ 자극과 경험 제공의 활동뿐 아니라 절제, 분별을 생활 중에서 할 수 있도록 교육하는 것이 중요하다.

⑤ 내가 하고 싶은 것을 드러내 보면 도리어 절제를 배울 수 있다.

## 자아정체감 요소 : 절제 2

▶▷ **활동 :** 내면 지향

▶▷ **활동명 :** 나의 기분

▶▷ **활동 유형 :** 이야기 나누기

▶▷ **집단 크기 :** 대집단

▶▷ **연령 :** 5세

▶▷ **목표 :** ① 여러 가지 관점에서 나의 감정을 이야기해 본다.
② 상황에 맞는 감정, 정서 조절능력을 기른다.

▶▷ **활동방법**

① 교사가 자신과 관련된 이야기를 먼저 들려준다.

② 사람들에게 어떤 감정이 있는지 이야기를 나눈다.

- 우리들은 어떤 감정을 가지고 있을까 ?
- 우리들은 그런 감정들을 어떻게 표현하는 것이 좋을까?

③ 여러 가지 상황이 그려진 카드를 보여 주고 이야기를 나눈다.

- 이럴 때 나의 기분은 어떨까?
- 왜 그런 기분이 될까?
- 기분 좋은 상황(기분 나쁜 상황)에서 어떻게 행동하면 좋을까 ?

④ 여러 가지의 상황카드를 보며 실제 자신이 경험한 것을 이야기해본다.

- 너희들은 언제 이런 감정을 느꼈니?
- 이런 상황에는 어떤 행동을 하였니?

- 나의 기분을 어떻게 표현하였니?

▶▷ **자아정체감 요소 :** 절제

① 유아들은 부정적인 감정과 욕구를 드러내고 다룰 수 있도록 기회를 주면 좀 더 자신의 감정을 객관적으로 느끼고 다룰 수 있는 능력을 갖게 될 것이다.

② 이러한 조절능력이 자라나지 못하면 사회적 요구에 맞추어 행동 조절하는 일에 어려움을 느끼게 되므로 건강한 사회적 자아 형성에도 부정적 영향을 미칠 수 있다.

③ 유아의 감정을 무시하거나 무조건 억압하는 일은 바람직하지 않으며 충분히 표현하게 하고 감정이 자유롭지 못하다면 시간에 구애됨이 없도록 기회를 열어두는 것이 중요하다.

# 자아정체감 요소 : 책임 I

▶▷ **활동 :** 외면 지향

▶▷ **활동명 :** 어떤 일이 일어난 걸까?

▶▷ **활동 유형 :** 그림 보고 이야기 나누기

▶▷ **집단 크기 :** 소집단

▶▷ **연령 :** 5세

▶▷ **목표 :** 상황에 맞는 바람직한 행동을 알고 책임 있는 행동을 할 수 있다.

▶▷ **활동방법**

① 유아들이 교사 주위에 동그랗게 둘러앉는다.

② 선생님이 준비한 상황 그림에 대해 이야기를 나누어 본다.

- 친구끼리 다투고 있는 그림
- 유아가 길을 잃고 울고 있는 그림
- 공놀이를 하다가 물건을 깨뜨린 그림

③ 만일 내가 이런 상황이 된다면 어떻게 할 수 있을지 이야기를 나누어 본다.

- 친구가 다투고 있는 걸 보았어요. 그럼 우린 어떻게 해야 할까요?
- ○○라면 친구가 길을 잃고 울고 있을 때 어떻게 할 것 같아요?
- 만약 ○○가 공놀이를 하다가 창문을 깨뜨렸어. 그럼 ○○는 어떻게 해야 할까?

④ 이야기를 나누어 보고 자신이 선택한 행동을 그려 본다.

▶▷ **자아정체감 요소 :** 책임

① 유아는 다양한 발달단계를 거치면서 건강한 자아를 개발하고 표현하며 삶에 대응해 나가는 패턴을 배운다.

② 건강한 자아를 가진 유아는 자신의 능력과 선택을 지각하고 그에 따른 책임지는 사람이 될 수 있어야 함을 인식하게 된다.

③ 건강한 자아를 가진 유아는 양심과 정의에 따른 선택을 하고 그에 따른 책임 있는 행동과 실천을 할 수 있도록 교육해야 한다.

## 자아정체감 요소 : 책임 2

▶▷ **활동 :** 외면 지향

▶▷ **활동명 :** 내 도움이 필요한 곳이 있어요.

▶▷ **활동 유형 :** 이야기 나누기

▶▷ **집단 크기 :** 소집단

▶▷ **연령 :** 4, 5세

▶▷ **목표**

① 자신을 알 수 있다. 누구나 강점과 약점이 있음을 이해한다.

② 자신의 강점으로 친구들을 도울 수 있다는 것을 안다.

▶▷ **활동 자료 :** 슬기의 심부름 동화, 동화 속의 등장하는 인물 막대 인형

▶▷ **활동방법**

① '슬기의 심부름'이라는 동화를 들려준다.

② 슬기가 잘하는 것이 무엇인지, 노력해야 할 점이 무엇인지 이야기한다.
선생님도 자신의 강점과 약점을 이야기한다.
그리고 누구나 강점과 약점이 있다는 것을 이야기한다.

③ 서로의 강점과 약점을 이야기할 수 있도록 도와준다. 이때 강점에 강조를 두어 이야기한다.
자신의 부족한 점도 나 자신이라는 것을 이야기한다.

④ 동화 속에서 기억나는 장면을 그림 그린다.

⑤ 자신의 막대 인형을 만들어 자신의 강점과 약점을 넣어서 이야기를 만들

어 본다.

**▶▷ 고려할 점**

① 자신의 부족한 점도 자신이라는 것을 이해할 수 있도록 이야기를 이끌어 간다.

② 누구나 강점과 약점이 있음을 이해하는 모습들을 생활 중에서 함께 공유하는 것이 필요하다.

## 자아정체감 요소 : 선택 I

▶▷ **활동 :** 내면 지향

▶▷ **활동명 :** 바른 일을 선택해요.

▶▷ **활동 유형 :** 이야기 나누기

▶▷ **집단 크기 :** 대집단

▶▷ **연령 :** 4, 5세

▶▷ **목표 :** 친구를 배려하는 마음과 행동을 기를 수 있다.

▶▷ **활동방법**

① 유아 스스로 주도적인 선택을 할 수 있도록 유도한다.

- (그림을 보여 주며) 어떤 모습인가요? 만약 여러분은 친구가 때리면 어떻게 할까요?
- 성경말씀 중에 보면 쉽게 싸움이 끝났던 이야기가 나와요. 어떻게 했기에 싸움이 멈추게 되었을까요?
- 오늘 선생님이 들려주는 성경에 나오는 이야기를 들어볼까요?

### 아브라함 이야기

아브라함 아저씨가 생각한 좋은 생각은 도대체 무엇일까요?
그렇죠. 종들을 서로 다른 곳에 살게 했어요.
그런데 롯이 좋은 땅을 선택했기 때문에 아브람은 덜 좋은 땅을 선택해야 했어요.
이럴 때 우리 친구들의 마음은 어떨 것 같아요? "쳇, 내가 더 좋은 것을 가지고 싶은데…", "싫어, 내가 더 좋은 것 할테니 너는 다른 것 골라!" 이렇게 말할 수 있을 거예요.
그런데 아브라함은 약속한 대로 좋은 땅을 롯이 갖도록 하고 자신은 보기에 좋지 않은 땅을 가졌어요. 아브라함은 좋은 땅보다는 롯과 사이좋게 지내는 쪽을 더 귀중하게 생각한 거예요. 뿐만 아니라 아브라함은 롯이 선택한 것이 더 좋은 땅이라는 것을 알았지만 양보를 했기 때문에 싸우지 않고 좋은 관계를 유지할 수 있었던 거예요. 그래요. 아브라함처럼 우리가 무엇을 선택하는 일에 있어 무엇을 더 중요하게 여기는가에 자신이 담겨 있어요.

▶▷ **자아정체감 요소 :** 선택

### 반응적 선택 혹은 주도적 선택

유아들도 크고 작은 많은 선택들을 하게 되는데, 한 번 잘못 선택하면 계속 잘못 선택하게 되는 관성의 법칙이 있습니다. 그래서 선생님과의 이야기를 통해 상호작용하면서 주도적 선택을 할 수 있도록 이끄는 형식에 관한 것을 고민해봅니다.
현장에서 발생하는 유아 간의 싸움과 더불어 때리는 상황도 일어날 수 있는데요. 친구가 때렸다고 같이 때리기 보다는, 즉 자신의 본성대로가 아닌 가치와 연결하여 결과를 생각하고 유아 스스로 주도적 선택을 할 수 있도록 교육하는 것은 매우 중요합니다. 또 이야기 속 양보의 개념을 다시 기억하며 다른 사람을 생각하고 선택하는 것, 그 결과가 어떠할지 생각해보고 간접 경험을 통해 실제 결정적인 선택에서도 목적이 이끄는 선택을 하기 등은 교육을 통해 자아 인성의 핵심요소가 되도록 이끌어 주어야 할 것입니다.
의지적 선택의 기준은 선택의 상황에서 대다수가 가는 길을 따라가는 것일까? 혹 다른 선택, 다른 길을 가는 것은 어떤 때 가능한 것인가? 다른 길을 갔던 선조들의 삶을 살펴보는 것도 좋을 것입니다. 삶의 목적에 의거한 선택이 중요하지 않을까요?
결정적인 선택할 때 : 가치와 연결되는 선택과 선택근거, 선택 결과
(좋은 열매, 쓴 열매) – 어떤 가치를 선택하였는가?
예) 누가 때려서 때리는 것 : 반응적 선택(본성)
누가 때렸지만 함께 때리지 않는 것 : 주도적 선택을 할 수 있을까?

# 자아정체감 요소 : 선택 2

▶▷ **활동 :** 내면 지향

▶▷ **활동명 :** 어떻게 할까?

▶▷ **활동 유형 :** 미술활동

▶▷ **집단 크기 :** 대집단

▶▷ **연령 :** 5세

▶▷ **목표 :** 갈등 상황에서 여러 가지 해결책을 생각하고 선택할 수 있는 능력을 기른다.

▶▷ **활동방법**

① 〈외나무 다리 위에서 양 두 마리가 서로 마주보고 서 있는 그림〉을 보여 준다.

② 그림 속의 상황을 마음속에 그려보도록 한다.

- 양 두 마리는 왜 이러고 있을까?
- 양의 기분이 어떨까?

③ 이야기를 들려준다.

④ "만약 내가 양이라면 어떻게 할 것인가?" 생각해보고, 그림으로 그리도록 한다.

⑤ 유아들이 자신이 그린 그림을 나와서 설명하며 자신의 생각을 이야기하도록 한다.

"내가 양이라면 나는 ……겠어."

⑥ 그 뒤에는 어떤 일이 일어났을지 생각해보고 이야기해본다.

▶▷ **자아정체감 요소 :** 선택

① 문제 상황에서 생각할 수 있는 많은 행동 중에 어떤 것을 선택할 것인지 생각해보고 판단능력을 기른다.

② 다른 선택을 하더라도, 선택에는 정답이 없기 때문에 선택에 따른 근거를 듣고 이해하며, 자기주장을 할 수 있는 시간을 가진다.

③ 여러 판단에 따른 결과를 생각해봄으로써 선택이 왜 중요한 결정이 되는지 되새긴다.

## 자아정체감 요소 : 가치 추구 Ⅰ

▶▷ **활동 :** 외면 지향

▶▷ **활동명 :** 우리 주위 돌아보기

▶▷ **활동 유형 :** 이야기 나누기

▶▷ **집단 크기 :** 대집단

▶▷ **연령 :** 5세

▶▷ **목표 :** ① 우리 주위에 어떤 불편한 친구들이 있는지 관심을 갖는다.
② 상황을 보여 주고 불편한 친구들을 어떻게 도와줄 수 있는지 방법을 찾는다.

▶▷ **활동방법**

① 그림 자료를 보여 주고 우리가 어떻게 할 수 있는지 알아본다.
② 이 친구는 어디가 불편한 것 같나요?
③ 몸이 불편한 친구를 봤을 때 어떻게 도와줄 수 있을까요?
- 지하철을 탈 때나 내릴 때 무거운 짐을 들은 할머니나 몸이 불편한 친구들을 가끔 보게 되는데, 사람들이 그냥 지나가버리면 그 사람들은 더 힘들고 속상할 거예요.
- 그래서 선생님은 불편하고 무거운 짐을 든 할머니를 도와주고 마음이 기뻤던 적이 있어요.
- 이렇게 선생님처럼 여러분 스스로가 선택했을 때 더욱 보람될 수 있고 혹은 그렇지 않을 수도 있을 거예요.

④ 유아 자신의 입장이 되었을 때를 가정해보고 유아의 생각을 끌어내본다.

⑤ 이 그림의 친구들처럼 다리가 불편하거나 팔이 아프다면, 친구들이 어떻게 나를 도와줬으면 하는지 생각해볼까요? 아픈 친구의 입장에서 생각해볼 때 우리가 잘 도와줬으면 좋겠지요?

# 자아정체감 요소 : 가치 추구 2

▶▷ **활동 :** 외면 지향

▶▷ **활동명 :** 세 나무 이야기를 들어보세요.

▶▷ **활동 유형 :** 동화

▶▷ **집단 크기 :** 대집단

▶▷ **연령 :** 5세

▶▷ **목표 :** 동화 내용을 듣고 자신의 생각을 표현할 수 있다.

▶▷ **활동방법**

① 동화의 내용을 예측해 본다.

- '세 나무'는 어떤 내용일 것 같나요?

② 동화를 들려준다.

③ 동화를 회상하며 이야기 나누어 본다.

- '세 나무'는 어떤 큰 꿈을 품고 있었나요?
- '세 나무'에게 어떤 일이 생겼나요?
- '세 나무'의 모습을 보고 행복하다고 생각하나요?
- '세 나무'가 어떻게 행복해졌나요?
- '세 나무'의 이름을 지어준다면 무엇이라고 지어주고 싶나요?

④ 동화를 듣고 상상해본다.

### 세 나무 이야기

어느 숲속에 올리브나무, 떡갈나무, 소나무가 살았답니다.
이 세 나무는 각자 큰 꿈이 있었습니다.
올리브나무는 장차 예쁘고 귀한 보석함을 담는 보석상자가 되는 것이 꿈이었고, 떡갈나무는 위대한 왕을 실어 나르는 큰 배의 재목이 되는 것이었습니다. 소나무는 언제까지나 높은 산 위에 서서 세상 사람들에게 하나님의 위대한 가르침을 알려주는 낙낙 장송이 되는 것이 꿈이었습니다.
어느 날 올리브나무가 베이게 되었습니다.
올리브나무를 베어간 목수들은 그것으로 짐승들의 먹이를 담는 그릇(구유)을 만들었습니다. 올리브 나무의 꿈이 산산조각이 났지요.
그는 자신의 꿈을 이루지 못해 슬퍼하며 세월을 보내게 되었습니다.
곧이어 떡갈나무도 목수들의 손에 의해서 베어졌습니다.
떡갈나무는 자신은 분명 위대한 왕을 태우는 큰 배의 재목이 되리라는 기대를 하였습니다.
그러나 잘린 떡갈나무는 보잘것없는 작은 나룻배의 재목이 되었습니다.
떡갈나무도 자신의 꿈이 깨어지자 한탄을 하였습니다.
소나무는 나무꾼의 손에 의해서 베어졌습니다.
땔감으로 베어져 인근 야산에 방치되었지요. 높은 산 위에서 위대한 가르침을 주고 싶었던 소나무의 꿈도 무너졌습니다.
세 나무는 모두 자신의 꿈을 잃어버렸다는 생각에 크게 실망을 하였습니다.
하지만 하나님은 다른 계획을 가지고 있었답니다.
오랜 세월이 흘러 마리아와 요셉이 유아를 낳을 곳을 찾지 못해 헤매다가 마침내 마굿간을 발견했고, 아기예수가 태어나자 구유에 뉘었지요.
이 구유는 올리브나무로 만든 것이랍니다.
올리브나무는 이 세상에서 가장 귀한 보물인 하나님의 아들을 담게 되었던 것이지요.
시간이 흐를수록 예수님의 지혜와 키는 자라가셨고, 어느 날 예수님은 호수 건너편을 건너기 위해서 큰 배가 아닌 보잘것없는 작고 초라한 배를 선택하였습니다.
이 배는 떡갈나무로 만든 것입니다. 떡갈나무는 만왕의 왕인 예수님을 태우게 된 것이죠.
또 몇 년이 흘러 몇몇 병사들이 소나무가 방치된 곳에서 소나무를 두 조각으로 쪼개 십자가를 만들었습니다.
그 소나무에 예수님이 매달리시게 되었지요. 이 소나무는 오늘까지도 사람들에게 하나님의 사랑과 연민을 보여 주고 있지요.
남들이 보기에 보잘것없는 것처럼 보일지라도 그 안에 무엇을 담느냐에 따라 귀하고 아름다운 것으로 변할 수 있습니다. 우리 자신도 가슴 안에 무엇을 품고, 생각하며 사느냐에 따라 소중하고 가치 있는 삶이 될 수 있다고 생각해요. 세상에서 가장 값진 것은 사랑을 나눌 줄 알고 베풀 줄 아는 그런 마음일 거예요. 내 안에 고여 썩는 것이 아니라 축복의 야곱처럼 담장 너머로 열매를 맺으니 이웃이 그 열매를 수확할 수 있는 그런 복을 흐르게 하는 삶, 축복의 통로로서의 삶이요
세 나무는 모두 자신의 가치를 상실했다고 여기서 다 끝났다고 생각했지만, 결국 이 나무들은 이 세상에서 가장 놀라운 이야기의 중요한 부분이 되었어요. 우리가 어떤 삶을 살았든지 얼마나 많은 실망을 경험했던지 우리의 언제나 변함없는 사람들이에요. 언제나 우린 귀한 존재이며, 스스로 포기하지 말라고 전해주는 세 나무의 이야기랍니다.
우리가 순간순간 내 생각대로 인생이 펼쳐지지 않더라도 성경은 하나님의 방법이 우리의 방법보다 훨씬 더 좋고 뛰어나다는 것을 보여 주며 그 분을 바라보라고 일러줍니다.

## 자아정체감 요소 : 꿈과 비전 I

▶▷ **활동 :** 외면 지향

▶▷ **활동명 :** 고마우신 분들이 있어요.

▶▷ **활동 유형 :** 이야기 나누기

▶▷ **집단 크기 :** 대집단

▶▷ **연령 :** 5세

▶▷ **목표 :** 직업이 목표가 아니라 그 일을 통해 내가 하고 싶은 것이 무엇인지 생각해 볼 수 있다.

▶▷ **활동방법**

① 직업에 대해서 이야기를 나눈다.

- 직업의 종류에는 무엇이 있을까요?
  (그림 자료에 없는 직업들도 생각해 보고 이야기 나눈다)

② 각 직업의 하는 일에 대해서 이야기를 나눈다.

- 어떤 일을 할까요?

③ 유아들이 자신이 원하는 직업과 이유에 대해 이야기해 본다.

- 어떤 직업을 가지고 싶나요? 왜 그렇게 생각하나요?
- 무엇을 하고 싶고 되고 싶은 것들을 다른 말로 이야기하면 '꿈'이라고도 해요.

④ 선생님의 꿈을 이야기하면서 꿈을 가질 수 있는 동기를 전달한다.
(선생님의 꿈은 예쁜 우리 친구들처럼 유아를 너무 좋아해서 선생님이 되

는 것이었어요. 원하는 꿈대로 이렇게 선생님 되어 친구들을 만나게 되어 얼마나 행복한지 몰라요. 친구들도 원하는 꿈이 있나요? 꿈이 넘치는 행복한 사람이 될 수 있을 거예요)

▶▷ **자아정체감 요소 :** 꿈과 비전

① 단순히 의사나 경찰관이 되는 것이 목적이 아니라 직업의 종류와 하는 일들을 알아보면서 유아 자신이 무엇을 하고 싶고, 어떤 사람이 되고 싶은지, 그 이유가 무엇인지 생각해볼 수 있도록 한다.

② 꿈과 비전의 태도를 교육적으로 표현하는 가장 효율적인 방법은 유아들 앞에 선 교사 자신이 꿈과 비전의 모습을 따라 유아들 앞에 설 때 그 마음이 유아들에게 전달될 수 있을 것이다.

③ 교육 자료는 그림과 언어에 따라 성별에 대한 직업의 편견을 갖게 되지 않도록 주의해야 한다.

### 유아들 내면의 편지

선생님!
살아 있는 저의 자아는 언제나 무엇을 배우고 알아가고 싶어요.
생명의 말씨가 소중함을 알아요.
나는 이런 생명 살리는 일에 쓰임 받을 수 있어요.
저의 마음과 영혼에 이제 꿈이라는 생명이라는 씨앗이 심어져야 해요.
꿈은 직업이 아니에요.
무엇이 되라고 가르치는 것은 잘못된 일이지만 무엇이 되고 싶은 자아의 생명은 씨앗처럼 품을 수 있게 해주세요. 저에게 작은 씨앗 하나 심어주세요.
선생님은 저에게 씨앗을 나누어 주는 분이세요.
저는 알아요. 씨앗이 선생님을 선생님 되게 하였다는 것을요.
저의 눈에도 선생님의 씨앗에서 핀 꽃을 볼 수 있어요.
저에게도 선생님의 그 씨앗을 주세요.

아주 작은 씨앗이 되어요.

깜깜한 땅속에 있어요.
씨앗이 점점자라서
싹이 나고 잎이 나고
꽃 피고 열매 맺어 꽃나비가 날아와요.

# 자아정체감 요소 : 꿈과 비전 2

▶▷ **활동 :** 외면 지향

▶▷ **활동명 :** 꿈을 꾸어요.

▶▷ **활동 유형 :** 신체표현

▶▷ **집단 크기 :** 소집단

▶▷ **연령 :** 3세

▶▷ **목표 :** ① 다양한 상황 속에서의 감정을 느끼고 그것을 표현한다.
② 마음껏 생각하고 상상할 수 있다.

▶▷ **활동방법**

① 산책하러 나가면서 유아들이 자유롭게 놀이하거나 탐색할 수 있도록 한다.
- 유아들이 마음껏 표현해 볼 수 있게 한다.
- 구체적인 놀잇감을 제공하지 않는다. 교사는 유아들의 활동, 움직임을 관찰한다.

② 유아들이 혼자 또는 친구와 함께 있었던 그 시간 속에서 어떻게 느꼈는지, 어떠한 상상을 하면서 놀았는지 이야기 나눈다.
- ○○친구는 혼자서(친구랑) 무얼 하면서 놀았어요?
- (상상 속에서) 누구하고 놀았어요?

▶▷ **자아정체감 요소 :** 꿈과 비전

① 정해진 놀잇감은 때로 유아들의 상상을 제한하는 것이 될 수 있다.
② 혼자서 또는 친구와 함께 놀고 있을 때에는 놀잇감의 제한에서 자유로운

탐색이 일어날 수 있다.

③ 실외에서 활동할수록 효과적이다.

④ 교사가 유아와 함께 이야기를 나누면, 유아는 자기가 탐색하고 활동한 것을 만족스럽게 느끼며 자기 자신의 감정, 활동에 대해 표현할 수 있게 된다.

⑤ 유아들이 이야기한 것을 기록해 두도록 한다. 그리고 유아들이 자신의 꿈을 꾼 것을 그림으로, 말로, 또는 다양한 방법으로 표현해 볼 수 있게 한다.

# 자아정체감 요소 : 꿈과 비전 3

▶▷ **활동 :** 외면 지향

▶▷ **활동명 :** 나에게 감동을 준 사람들

▶▷ **활동 유형 :** 이야기 나누기

▶▷ **집단 크기 :** 소집단

▶▷ **연령 :** 5세

▶▷ **목표 :** ① 유아들 간의 자연스러운 감정표출과 피드백을 통한 감정을 교환한다.
② 공감과 지지, 칭찬을 통해 자신에 대한 긍정적인 느낌을 경험한다.

▶▷ **활동방법**

① 유아들이 소집단으로 동그랗게 앉는다.

- 가정이나 유치원에서 자주 듣는 말들에 대해 이야기를 나눈다.
- 유치원이나 집에서 무슨 말을 가장 많이 듣는지 이야기해 보자.
- 그렇구나. 그런 이야기를 많이 듣는구나.

② 유아들에게 가정이나 유치원에서 들었던 말들 중에 가장 소중하게 생각하고 기분 좋게 들었던 말들을 생각해 보고 그 상황을 그림으로 표현하게 한다.

- 자, 지금부터 여러분에게 15분의 시간을 줄 거예요.
- 여러분이 기분 좋게 들었던 말들을 생각해 보고 그때의 일을 그림으로 그려보세요.

③ 유아들이 서로 돌아가며 자신이 어떤 말을 기분 좋게 들었는지, 또는 어떤 말을 소중하게 생각하는지 이야기해 보고 그 상황을 그린 그림에 대해 이야기한다.

# 참 고 문 헌


고희영 외(1987). **인간의 심리학적 이해**. 성원사.

권정혜 역(2008). **센게이지 러닝**(Cengage Learning). 시그마프레스.

김경철 외(2005). **유아 교수학습 원리의 뇌 과학적 의의**. 열린유아교육연구, 10(4).

김교헌 역(2005). **성격 심리학**. 학지사.

김두정(2010). **뇌과학 학교교육과 교육과정에의 시사점**. 교육과정연구, 28(3).

김득란(2008). **영아 부모교육 프로그램개발과 그 효과에 관한 연구**. 육아지원연구, 3(1).

김미희(2012). 하인즈 코헛(H. Kohut)의 자기심리학 이론에 기초한 청소년의 학교부적응과 부모양육의 상관성 연구 : 상담학적인 관점에서. 한일장신대학교 석사논문.

김선아(2008). 대상관계 이론적 관점에서 재구성한 기독교 신앙교육 목표. 기독교교육 정보, 제20(8).

김우일(2002). 대상관계이론의 이해와 기독교 상담적 적용. 아세아 연합 신학대 석사논문.

김유미(2005). 뇌 호흡의 뇌 과학적 근거와 유아교육에의 적용가능성 탐색. 열린 유아교육연구, 10(2).

김재환 외(2006). **임상 심리검사의 이해**. 학지사.

김정근(2007). **정신건강과 자아발달을 돕는 체험적 독서치료책**. 학지사.

김정순(2000). 대상관계 이론을 통한 성경적 자녀양육에 관한 연구. 서울 신학대학교 석사논문.

김정주 외(2016). 예비유아교사의 자아탄력성, 정신건강 및 자기애가 창의, 인성에 미치는 영향. 한국 유아교육학회 정기학술발표 논문집.

김종만(1999). **나**(정신분석학적 관점에서 본 자아의 성장과 발달). 한림 미디어.

김진(2006). **그리스도인과 함께 나누고 싶은 이야기**. 생명의 말씀사.

김혜순(2014). 어머니의 성인애착이 유아의 어머니에 대한 애착에 미치는 영향에서 어머니 양육스트레스의 매개효과. 한국 영유아 보육학, 86권.

남현주(2013). 애착이론에서 내적 작동 모델의 본질에 관한 연구. 한국유아교육학회 추계 정기학술대회.

노혜숙 역(2009). **육아는 과학이다**. 프리미엄 북스.

박경순(2011). 수치심(Shame)과 자기애(Narcissism)의 정신분석적 이해. 한국심리학회지, 30(3).

박경순(2016). 정신분석이론적 시각에서 고찰한 심리 발달과정. 한국청소년학회, 23(4).

박경자 외 공역(2009). **영유아의 사회정서발달과 교육**. 교문사.

박미리(2012). 거울전이를 적용한 연극치료 기법 고찰: 우울증 여성을 위한 단기연극치박성연 외 공역(2005). 어머니 영아간의 상호작용 방식이 영아발달에 미치는 영향 아동학회지, 26(5).

박수경(2012). 뇌발달 연구에 기초한 영유아교육의 방향. 한국유아교육학회 제20차 춘계학술대회.

박재성(2012). 부모-자녀와의 관계가 청소년 자녀의 인터넷 중독에 미치는 영향에 대한연구: 하인즈 코헛의 자기심리학을 중심으로. 한신대학교 신학대학원 석사논문.

반건호 외(2013). 영유아보육이 아동의 정신건강에 미치는 영향: 국내 영유아보육 정책의 실태와 전망. 소아청소년정신의학, 24(3).

반건호(2008). 안아주기 환경 개념의 이해. 정신분석, 19(1).

반건호(2008). 애착이론의 과거 현재 미래. J Korean Med Association, 51(4).

반건호(2011). 안나 프로이트의 삶-그녀는 지금 어디에? 대한 소아 청소년 정신의학회 춘계 학술대회.

방명애 외 공역(2007). **유아기 정서 및 행동장애**. 시그마프레스.

방희정(2009). 애착연구를 통해 본 부모역할(parenting)에 대한 비판적 고찰; 한국 심리학회지, 14(1).

서수정 외(2007). 어머니 영아 안정 애착형성을 위한 예방 부모교육 프로그램 실시효과. 한국 심리학회지, 12(1).

성영혜(2000). **치료놀이(Ⅰ)**. 형설출판사.

신승철 역(2004). **아직도 가야할 길**. 열음사.

신의진(2002). 유아기의 부적절한 양육이 두뇌발달에 미치는 효과. 애착장애 아동의 두뇌양전자 방출 단층 촬영 및 자기공명 영상 소견을 중심으로. 한국과학재단연구 보고서.

신혜숙(2006). 뇌교육이 내포하는 세 가지 교육영역의 특징과 의미. 뇌교육 연구, 1(1).

양연숙(2000). 영아의 타인 양육경험에 따른 어머니에 대한 애착과 정서조절. 경희대학교 대학원. 박사논문.

유승은, 박부진(2001). 아동의 자아개념 형성과 자아발달 촉진을 위한 모래놀이치료 효과. 아동학회지 제32권 3호.

이경숙 외(2016). 영유아 정신건강 증진을 위한 보육교사 교육프로그램 개발 및 효과. 유아교육연구, 36(3).

이무석(2006). **정신분석에로의 초대**. 이유.

이영희 외 공역(2005). **대상관계치료**. 학지사.

이재훈 역(1997). **마가렛 말러; 유아의 심리적 탄생**. 한국심리치료연구소.

이재훈 역(1997). **성숙 과정과 촉진적 환경**. 한국심리치료연구소.

이재훈 역(1999). **멜라니 클라인**. 한국심리치료연구소.

이재훈 역(1999). **정신분석학적 대상관계이론**. 한국심리치료연구소.

이재훈 역(2002). 코헛과 자기 심리학; 온전한 치유에의 길. 한국심리치료연구.

이재훈 역(2015). 그러나 동시에 또 다른 수준에서 제1권. 한국심리치료연구소.

이재훈 외 공역(2002). 대상관계 개인치료 I. 한국심리치료연구소.

이재훈 외 공역(2002). 프로이트 이후. 한국심리치료연구소.

이준석(2012). 프로이트 구스타프 말러를 만나다. 정신분석적 심리치료를 만든 역사적 만남들. 이담.

이준호 역(2016). 정신분열증 치료와 모던정신분석. 한국심리치료연구소.

이진희 외(2013). 완벽성의 강박에서 벗어나 충분히 좋은 어머니로 -위니캇의 유아정서발달 이론과 어머니 노릇을 중심으로- 페미니즘 연구, 13(2).

이춘재 외 공역(2011). 발달정신 병리학. 시그마프레스.

장미경 역(2016). 자아발달과 원형 : 정신발달과정과 삶의 의미 창조.

전보윤(2012). 아스퍼거 장애 아동의 공감 능력 발달에 대한 미술 치료 사례 연구. 예술 치료학.

정미라 외(1994). 유아를 위한 정서교육 -정서중심의 교육과정 구성-이화여자 대학교출판부.

정미라 외(2011a). 영유아 관련 뇌기반 연구에 대한 고찰. 유아교육연구, 31(2).

정미라 외(2011b). 애착 안정성과 어머니 양육행동의 민감성이 12개월 영아의 발달에 미치는 영향. 유아교육연구, 15(6).

정미라(2012). 뇌발달 이론에 기초한 걸음마기 영아-부모 프로그램 모형. 유아교육연구, 32(2).

정석환(1999). 코헛의 자기심리학과 목회상담. 신학논단.

정선주(2011). 아동 : 정상과 비정상. 대한 소아 청소년 정신의학회 춘계학술대회.

정운선(2011). 안나 프로이트의 정상 발달의 정신분석학적 심리학. 대한 소아 청소년정신의 학회 춘계학술대회.

조헌주 역(2008). 아직도 찾아야할 나. 자기의 심리학. 부글 북스.

조현춘 외 공역(1996). 심리상담과 치료의 이론과 실제. 시그마프레스.

천은영 외(2008). 영유아발달. 동문사.

최영민(1993). 새로운 나를 여는 열쇠. 열음사.

최영민(2008). 영성지향 심리치료. 하나의학사.

최영민(2010). 대상관계이론을 중심으로 쉽게 쓴 정신분석이론. 학지사.

최의헌(2001). kohut의 자기 이해. 한국기독교상담학회지.

한은숙(2010). 영유아 발달과 교육. 정민사.

홍이화(2016). 한국인의 수치심(shame) 이해를 위한 하인즈 코헛(Heinz Kohut) 이론의 재고찰-객체적 자기인식(objective self-awareness) 안에서의 수치심-신학과 실천. 48권.

Akiskal HS, Mallya G(1987). Criteria for the “soft” bipolar spectrum: treatment implications. Psychopharmacol Bull. 23.

Eisenberg(2003). Mother's emotional expressivity and children's behavior problems and social competence: Mediation through children's regulation. Developmental Psychology. 37.

Erreich, A.(2003). A modest proposal :(re)defining unconscious fantasy. Psychoanalytic Quartely. 72.

Erreich, A.(2015). Unconscious fantasy as a special class of mental representation: A contribution to a model of mind. Journal of American Psychoanalytic Association. vol, 62(2).

Grotstein, J, s(1981). Spliting and projective identification. New York, NY. Jason.

Hamner & Turner(2000). Parenting in Contemporary Society. Pearson.

Kernberg, O.(1995). A psychoanalytic theory of personality disorders. In major theories of personality disorder. New York & London: The Guilford Press.

Mahler, M. S., & McDevitt, J. B.(1982). Thoughts on the emergence of the science of self, with particular emphasis on the body self. Journal of American Psychoanalytic Association. 30.

Mahler, M., Pine, F., & Bergman, A.(1975). The psychological birth of the human infant. New York: Basic Books.

Steinberg & Belsky(1991). Infancy, Childhood, and Adolescence.: Development in Context. McGraw-Hill.

## 저/자/소/개


**한은숙**

■ **약력**

중앙대학교 유아교육학 박사
베를린 자유대학교 한국학 연구소(유아교육)
(Institut für Koreastudien Freien Universität Berlin) 교환 교수
현 경민대학교 유아교육과 교수

■ **저서**

옹알이 그림책 감수, 영유아발달과 교육, 누리과정에 기초한 유아교육과정, 영유아교수 학습의 이론과 실제, 보육실습


## 영유아 자아발달의 이론과 실제


1판 1쇄 인쇄 – 2017년 1월 20일
1판 1쇄 발행 – 2017년 1월 25일

**저　　자** - 한 은 숙
**발 행 인** - 강 철 원
**발 행 처** - 양 성 원
**주　　소** - 경기도 파주시 월롱산로 71
**전　　화** - 031-946-3861(代)
**팩　　스** - 031-946-3864
**이 메 일** - tnwpub@naver.com
**홈페이지** - tnwpub.co.kr
**출판등록** - 2015년 8월 31일 제 2015-000211 호

ISBN 979-11-6126-009-9

**정가 17,000원**